みんなの
筋トレ
&
ごはん

Our workout & food

筋トレ女子研究会：著

introduction

「筋トレ」というとどんなイメージを持ちますか？
マッチョになりそう。
脚や腕が太くなって、女性らしさがなくなってしまいそう……。
そう思っている人も少なくないのではないでしょうか。

実は筋トレは、女性にとって嬉しい効果がたくさん。
例えば、女性らしいメリハリボディになれたり、風邪をひきにくくなったり。
見た目や健康だけではなく、気持ちがポジティブになったり、
自分自身をより好きになれたりと、
心の面でも嬉しい変化をもたらしてくれます。

筋肉を育てるには、筋トレと筋肉を作る素となる食べ物。
この２つがカギを握ります。

本書では、日々筋トレに励み、自身の美しい体を
インスタグラムなどで発信している“筋トレ女子”11人の、
普段のトレーニングと食生活を収録しています。
具だくさんなサラダやがっつりステーキ、お寿司など、
ボリューミーな食事はまさに“食べたら動く”彼女たちならでは。
また、普段食べている食事のレシピと、
家でもできるトレーニングもご紹介しています。

筋トレ女子たちの生活から、
日々の食事とトレーニングのヒントをもらって、
生活に取り入れていただければ幸いです。

筋トレ女子研究会

本書の使い方

家トレ

筋トレ女子おすすめ「家トレ」22種を紹介！

「家トレ」ページでは、自宅トレーニングでもしっかり効かせることができる家トレを紹介しています。道具のいらない自重を生かしたトレーニングのほか、ダンベルやペットボトル、ゴムバンドなどで、運動強度を上げているものも。毎日少しずつでもトレーニングに挑戦してみたい！という人は、まずは参考にしてみてください。

ジムトレ

続けるためのモチベーションアップ！

ウェイトマシンなどが充実し、トレーナーに正しい動きも教えてもらえるジム通いも筋トレ女子に大人気！　ジムでのおすすめのトレーニングや、通い方のヒントを紹介します。例えば、最初にパーソナルトレーニングで正しい動きを身につけた後は、普通のジムでマイペースに続けている人、時間を気にせず通える24時間ジムを活用している人など、達人はライフスタイルに合わせて楽しんでいます。

ごはん

簡単でおいしい「たんぱく質レシピ」も充実

鶏むね肉ばっかり食べていればいいってわけでもありません。筋トレ女子は普段の食事でどんなことを気にしているのか、いつ何を食べているのか、糖質はどうしてる？などヒントがぎっしり詰まった食事日記を紹介。たんぱく質量がわかる「たんぱく質レシピ」も必見。

調理の基本事項

- 軽量は1カップ=200mℓ、大さじ1=15mℓ、小さじ1=5mℓです。
- 料理の分量、栄養計算は特に記載がない限り1人分です。
- 火加減は、特に指定がない場合は中火です。
- 電子レンジは600Wのものを使用しています。
- 野菜の皮をむく、へた・種を取るなどの下ごしらえは記載していません。

私たち、筋トレでボディも人生も激変しました！

After

メリハリのないお子様体型から筋トレで生まれ変われた！

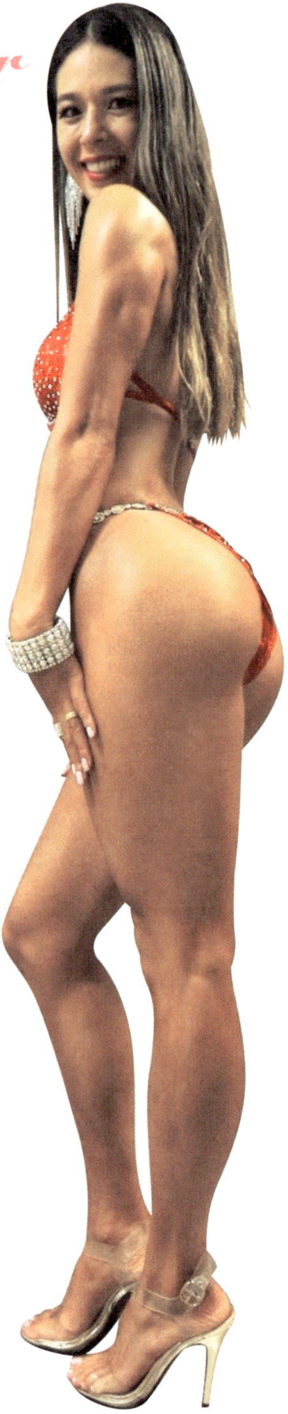

栗原ジャスティーンさん

筋トレを始める前は「細ければ細いほどいい」と思っていたけど、女らしさが全然足りていないと気がついて……。不健康なダイエットではなく、筋トレで自分の体に自信がつきました！

さらば！ 垂れ尻！

プリ尻を作るのは大臀筋！

いくらやせてても、垂れ尻だったら台無し。理想のお尻は、大きくてプリンとキレイに丸く上がったお尻。大臀筋を鍛えて、太ももとお尻の境目「臀溝《でんこう》」を引き立てよう。

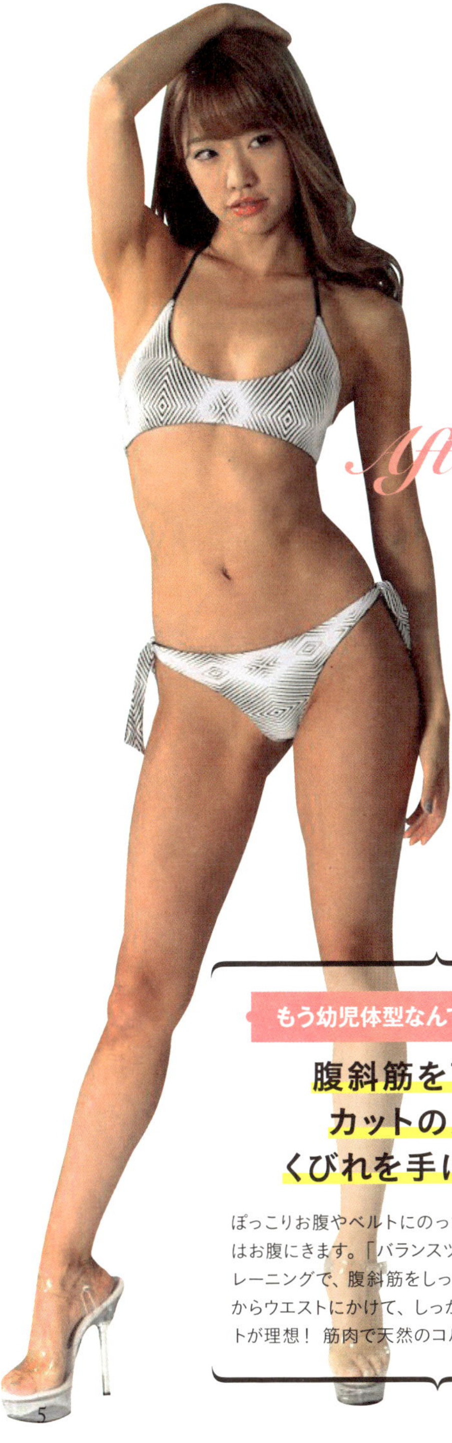

背肉をそぎ落とす！

僧帽筋の可動域が広い美背中に！

背中は年齢が表れる場所。少しずつ、でも確実に脂肪がたまって、猫背で筋肉が固まった老け背中になっていきます。理想は肩がしっかり張って肩甲骨がよく動き、ウエストとのメリハリがしっかりついた背中。背骨のくぼみも美しい背中になれたら、背中の開いたドレスも、堂々と着こなせそう。

After

半年で7kg減！くびれも自信も手に入れました！

Before

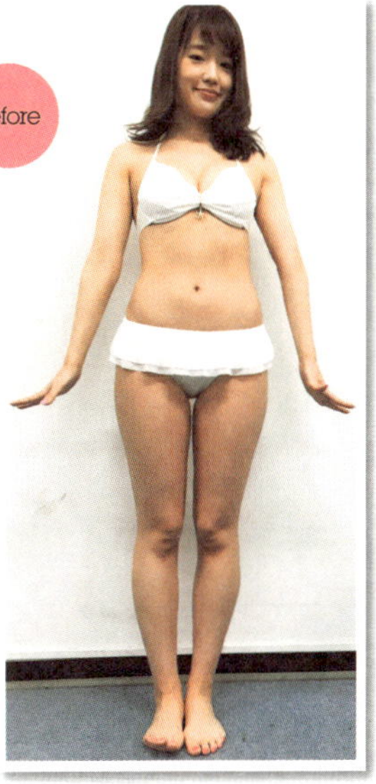

柳本絵美さん

ストレスで太ってしまい、色んなダイエットに失敗していた私ですが、筋トレで変われました。体重以上に、脂肪が筋肉に変わったことでボディラインの変化がありました。背中の筋肉も、実はひそかな自慢です。

もう幼児体型なんて言わせない！

腹斜筋を育てて、カットの入ったくびれを手に入れる！

ぽっこりお腹やベルトにのった脂肪。不摂生の証拠はお腹にきます。「バランスツイスト(P.50)」などのトレーニングで、腹斜筋をしっかり鍛えましょう。背中からウエストにかけて、しっかりカットの入ったウエストが理想！ 筋肉で天然のコルセットを手に入れよう。

Muscle makes beauty!

＼キレイな人は始めてる！／

ウエストキュ！　プリ尻！　足首スラリ！

美人なボディは
筋肉が作る！

これ全部、筋トレの嬉しい効果！

merit 1 外国人みたいなお尻に！

有酸素運動では、ボディは育ちません。必要なのは、たるみを「引き上げ」て「引き締める」こと。プリンと丸いお尻は筋肉がないとできないのです。ウエストのくびれも同じこと！

merit 2 暴飲暴食がおさまる！

筋トレ後は食欲促進ホルモン「グレリン」が低下して過剰な食欲が抑えられます。事実、本書で紹介する筋トレ女子たちも、暴飲暴食が自然に改善された人が続出！

merit 3 ゆがみ太り解消！

お尻の筋肉が使えていないと、太ももの前が張り出し、腹筋がきちんと入らないと下腹が出ます。長年の間違った筋肉の使い方のクセが原因！　筋トレで本来働くべき筋肉を刺激すると、歩く姿勢も美しくなり、日常生活でどんどんきれいなボディラインに。

merit 4 基礎体温アップで風邪知らずの体に

筋トレを週2～3日続けることで代謝がアップした状態が続きます。基礎体温が35度前半から36度後半になった！　という声も。風邪知らずに！

merit 5 ポジティブなメンタルまで手に入る！

続ければ必ず体の変化を実感できる筋トレ。成功体験を繰り返すことで自信がついて、前向きな思考にチェンジ！

〝筋肉なし子〟は早く老ける！

「お尻が垂れる」、「セルライト」、「下腹」、「猫背」……。年齢とともに体のあちこちに表れる老けサインは、筋肉が足りないことが大きな原因。しかも筋肉は使わないと固まるので、動かせなくなる→衰えるという悪循環に。さらに、皮膚のたるみやセルライトは有酸素運動では改善されません。美しいボディラインの決め手はたるみを「引き上げる」こと。これを解決するには、筋トレがいちばんの近道なんです！

監修・吉田 桃子
（管理栄養士/知力・体力・食力で生きる力をサポート NPO法人「TAM」所属）

管理栄養士としての経験だけでなく、自らもフットサル選手として経験・実践してきた様々なデータをもとに、フットサルのトップリーグクラブから、小・中・高校生のスポーツ選手への栄養サポートなど、理論だけでなく食事を通して結果に結びつける活動に取り組んでいる。

残念！

食べないダイエットは もう古い！

case 1

糖質、脂質は太るから極力食べません

❗糖質も脂質も、大切な筋肉の材料

筋肉を作るホルモン「テストステロン」の材料は、脂質の一種であるコレステロール。脂質を極端に削るとコレステロールの摂取量も減り、筋肉が作られにくくなります。また、必要量の炭水化物（糖質）を摂らないと、不足分を補うため筋肉のたんぱく質が分解され、体のエネルギー源に。筋トレも水の泡です。

case 2

ジャンクフードを食べても、その分運動でカバーしているからOK

❗体の老化が早まる可能性も！

スナック菓子や菓子パンなどのジャンクフードは酸化した油やトランス脂肪酸、添加物などが多く含まれています。すると活性酸素が増えやすくなり、体を錆びさせてしまいます。またたんぱく質やミネラルなどの筋トレに必須な栄養も少ないのです。ナチュラルな食材×運動こそが、美ボディの近道なんです。

case 3

とにかくたんぱく質！毎日**サラダチキン**を大量に食べています

❗たんぱく質は鶏肉だけじゃない！

たんぱく質＝鶏むね肉と思いがちですが、実は種類は様々。動物性、植物性と分かれていて、さらに体内では作れない必須アミノ酸の構成が食材によって異なっています。同じ食材ばかり食べるのはたんぱく質合成の面から見ても非効率。まんべんなく食材を取り入れて、多様なたんぱく質を摂ることで美しい筋肉が作れます。ちなみにサラダチキンは塩分や添加物も多いので、大量に食べるのはイマイチ。あくまで忙しいときのサポートとして。

case 4

1日のカロリーは**1500㎉以下**に抑えてます

❗体が省エネモードになりやせにくい体に！

普通の20代女性の摂取カロリーは1950㎉。摂取カロリーを基準値以下にすると、体は最小限のエネルギーで動かそうと「省エネモード」になり、基礎代謝がダウン。「食べてないのにやせない」、という悲しい悪循環に！

女性（㎉／日）

身体活動レベル	I	II	III
18〜29歳	1650	1950	2200
30〜49歳	1750	2000	2300
50〜69歳	1650	1900	2200

※1日の推定エネルギー必要量。身体活動レベルI＝生活の大部分が座位、静的な活動が中心。II＝座位中心の仕事だが、職場内での移動や立位での作業、通勤、買い物、軽いスポーツを含む。III＝移動立位の多い仕事。あるいは活発な運動習慣がある。「日本人の食事摂取基準2015年版」より

case 5

忙しいから**朝食は抜き。**昼、夜食べれば平気でしょ？

❗むしろ肥満リスクが高まります！

体は空腹時間が長いほど、食べたものを体にため込もうとします。米国のイェール大学とコネチカット大学の調査では、朝食抜きは将来的に2倍も肥満リスクが高いという研究も。もうひとつのデメリットが、空腹が続くと、筋肉が分解されるカタボリックな状態になってしまうこと。つまり、いくら運動をしても、筋肉が育たずにメリハリボディに近づけないのです。何よりエネルギーが足りていないから、脳も体も動かせない！　それを防ぐためにも3食ちゃんと食べることが大切。

筋トレごはんの 3つのルール

rule 1 お腹が空く時間を長く作らない！

実は「空腹」が筋トレの敵。空腹時は、血液や細胞の中のアミノ酸の濃度が低下し、筋肉のたんぱく質が分解されるカタボリックが発生するんです。せっかくつけた筋肉も、空腹の時間が長ければ長いほど分解されてしまいます。3食しっかり食べつつ、おやつで、炭水化物（糖質）やたんぱく質を確保。可能であれば、1日4食か5食が理想的です。

rule 2 筋トレするなら、たんぱく質は通常の2割〜4割増しに！

筋肉は「分解」と「合成」を繰り返すことで成長します。筋トレで刺激を加えると合成が活発になるので、その分たんぱく質を摂取する必要アリ。普通の人のたんぱく質の1日の必要量は体重1kgあたり1.0g。ボディメイクしたいなら体重1kg当たり1.2〜1.4g程度が目安です。例えば、体重50kgの人なら、たんぱく質量は60〜70g。牛もも肉で考えると300〜350g程度になります。

筋肉をつけたいときのたんぱく質摂取の目安

1日当たりの摂取量(g)＝体重(　)kg×1.2〜1.4

※アスリートレベルの運動量になる場合、さらにたんぱく質を摂取する場合があります

rule 3 体の「脂肪」を「筋肉」に置き換えると考えよう！

「筋肉をつけるとムキムキになりそう……」という心配は無用。もと

もと女性は筋肉がつきにくく、マッチョになるには相当な努力が必要。また、筋肉は脂肪の3倍の重さがあるため、体重が同じ人でも体脂肪率が違えば見た目が全く異なります。トレーニングをして、隠れた脂肪を筋肉に変えることで、誰もが見惚れるメリハリボディができ上がるのです。

筋トレ女子的 BEST3

筋トレでボディラインの変化を実感しやすい部位

第1位 お尻
筋肉が大きい部分。普段鍛えていない分、筋トレ後の変化も早い！

第2位 ウエストのくびれ
筋トレで体幹を意識するので、自然とくびれメイクも可能。

第3位 背中
意外と早く効果が出る部位。普段の姿勢も美しくなります。

好きな筋トレ

第1位 スクワット
正しい姿勢で行なえば、少ない回数でも効果大。プリ尻も目指せる！

第2位 プランク
腹筋が苦手な人にもオススメな筋トレ。まずは30秒から挑戦！

第3位 デッドリフト
バーベルを使う筋トレ。広背筋を鍛えてセクシーな背中をゲット。

さらに極めるための＋α

トレーニング後に糖質やたんぱく質を入れる

筋トレで使い切ったエネルギーをプロテイン、干しイモ、バナナ、和菓子などで補給。量を摂りすぎると余剰分が脂肪になるので、普段の食事の量とバランスを見て取り入れるべし。

ストイックになりすぎない

無理な食事制限をしながら筋トレしても、筋肉が成長する見込みはナシ。自分を厳しく縛りすぎず、食べすぎたら翌日調整するなど、食事のルールを徐々に取り入れよう。

油の種類を選んでみる

油は時間が経てば経つほど酸化するもの。酸化した油は体の中で活性酸素を増やして老化の元に……。普段からフレッシュなオメガ3の油などを取り入れれば、体の老化防止に！

血糖値の急上昇に気をつけてみる

パスタやラーメン“だけ”食べると血糖値が一気に上がり、行き場のない糖が脂肪にチェンジ。その前に野菜を食べておけば食物繊維が糖の吸収をゆるやかにしてくれます。しっかり噛んで、ゆっくり食べるのも大切。

みんなの筋トレ&ごはん

Our workout & food

目次

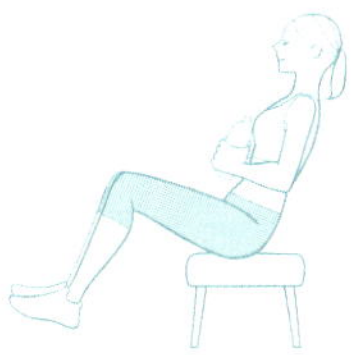

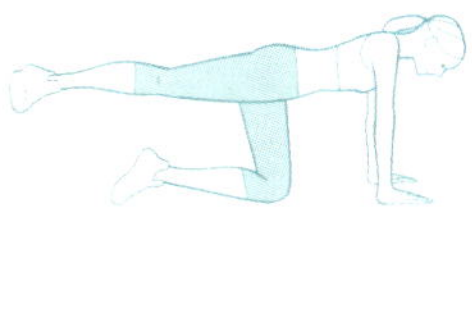

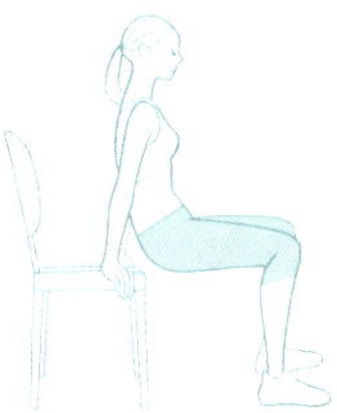

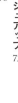

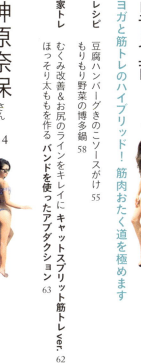

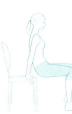

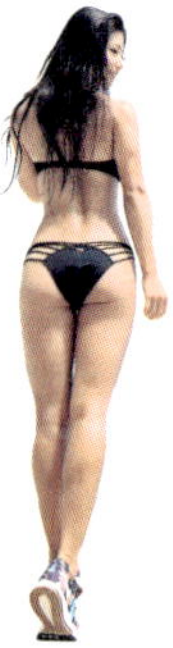

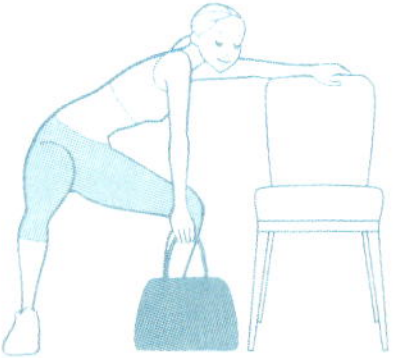

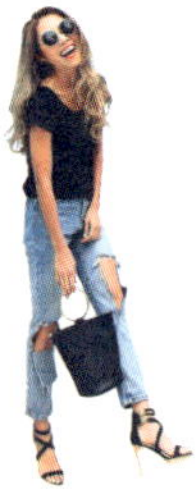

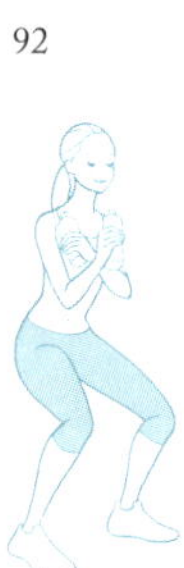

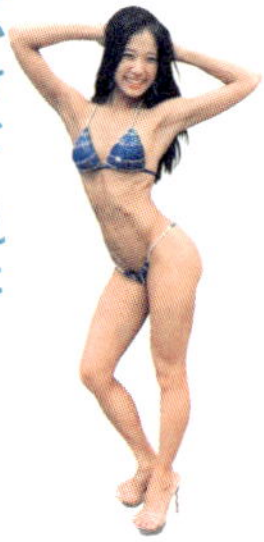

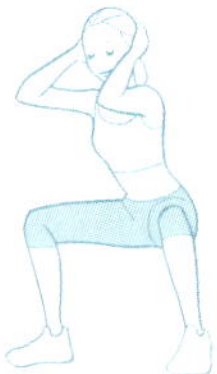

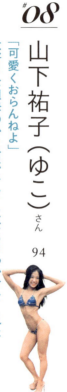

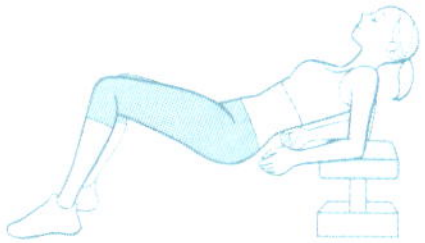

Justine

栗原ジャスティーンさん

「細いね」って褒め言葉じゃない。
しっかり動いて、たっぷり食べて。
女性らしくて美しい体に

Profile　@shell.jay

1988年生まれ、東京都出身。モデル。ベストボディ・ジャパン2015東京大会グランプリ受賞。運動による健康美を日本に広げる活動をしている。ファッションショー、CM、雑誌等、幅広く活躍中。

#01 Kurihara

体が喜ぶような シンプルな食生活が 美ボディを作る

　鍛え上げられたボディがSNSでも話題の栗原ジャスティーンさん。昔は「細い体」が自慢だったそうです。

「やせれば周りの人が『細いね』って褒めてくれたんですよね。それに、食生活も偏っていて。ごはんを食べずにお菓子の『でかプッカ』を何箱も食べたり、アイスクリーム、バナナクレープ2個、スタバのフラペチーノの大きいサイズを2杯飲んだり……。カロリーばかり気にして、食事をするくらいなら甘いものを食べるといった、めちゃくちゃな食生活でした」

　しかし、ロサンゼルスへの引越しを機にそれまでの生活は一変します。

「私が引越した先は、ボディビルのメッカと呼ばれるベニスビーチ。現地の女性たちは皆、やせることが目的ではなく、健康的なメリハリのある体をしていて、衝撃を受けました。アメリカでは女性でもトレーニングをする意識も高いんです。彼女たちに比べて、私の体はただ細いだけで、女性らしさが全くないことに初めて気づいたんです」

　ロスでの出会いから、食生活もガラリと変えました。牛肉だったら一食に250～300g摂ることを意識。そして、体にいい食材を選ぶことを心がけているそう。

「味付けはオリーブオイル、レモン、塩・こしょうが中心。バジルなどのハーブで香りづけしています。ジャンクフードは極力摂らず、添加物が少ない食材を選んでいます」

　食事は基本的に手作りで、朝・昼・夜と欠かさず食べる派。しっかりエネルギーを摂った後だからこそ、強度の高い運動にも取り組むことができると言います。

「ちゃんと食べないと体が動かないので。今はウェイトトレーニングに加えて、無酸素運動と有酸素運動を繰り返すムーブメントトレーニングを行なっています。走る、跳ぶといったトレーニングを取り入れることで、しなやかな筋肉をつけたいんです」

　毎日の筋トレが楽しくて仕方がない！　と言う栗原さん。アスリート並みのトレーニングと3食しっかり食べる生活により、「細いだけ」だったころから体重は10kgも増えました。

「ぜい肉じゃなくて、筋肉と脂肪で10kgです（笑）。細くてメリハリがない体より、筋肉がついてパンと張った太ももやヒップの方がずっと魅力的。今はもっと体を大きくしたいですね。体重のグラフを付けて、増えていく様子を楽しんでいます（笑）」

BODY&TRAINING DATA

・身長	170cm
・体重	58kg
・体脂肪率	17%
・トレーニング（1回：約1～2時間）	週5回

全身のウェイトトレーニング、バランス強化メイン、心拍数を上げるサーキット系のトレーニングが1日ずつ、週2日でパーツトレーニング。家トレはしない派。旅先などでジムがないときは行ないます。毎朝30分の軽いヨガが日課です。

ジムトレ

ジムでのウェイトトレーニングで鍛えたい「大臀筋」を狙いうち！

高い負荷をかけるウェイトトレーニングでは筋肉をピンポイントで鍛えます。でも、自己流だと間違った部分を鍛えてボディラインが崩れたりすることもあるので、パーソナルトレーナーに見てもらっています。この「ヒップスラスト」はお尻の力でバーベルを持ち上げるトレーニング。大臀筋を鍛えて引き上がったお尻を作るのに効果的です。これは120kgを3回上げているところ。普段は70kgからウェイトを上げて、12回×4セット行います。

ごはん

筋トレを始めてから、加工品は極力摂らないようになりました

筋トレする人がよく食べるのは鶏むね肉！ というイメージもありますが、私はひとつの食材に偏らず、魚や牛肉、ラム肉など様々な食材からたんぱく質を摂り入れています。野菜やフルーツもしっかり。手が込んで見えるけど、実は食材を切って焼くだけ、煮るだけといったシンプルな調理法。手を加えすぎない方が食材の栄養を壊さず摂り入れられます。夕食は鶏むね肉のグリルとガパオライス。たくさん食べるでしょ。

ジムトレ

「動ける」筋肉を作る、注目のムーブメントトレーニング

今いちばん夢中になっているのが「ムーブメントトレーニング」。走る、跳ぶなどの日常の動作をベースに、瞬発力を利用した全身トレーニングです。「ボックスジャンプトレーニング」は台の前に両足を揃えて立ち、ひざを曲げてジャンプして台に両足で跳び乗る運動。バランス強化やサーキットの日のメニューに組み込まれています。下半身が鍛えられて、瞬発力がアップします！

卵白を増やして、具だくさんのボリューム朝食

たんぱく質増量
オムレツ

オムレツじゃなくてスクランブルエッグにすることもあります。私は毎日1〜2時間以上ハードに運動しているのでこの量ですが、運動強度に合わせてボリュームの調整を。（栗原）

Kurihara Justine

たんぱく質量

45.8g

※鶏むね肉150gの場合

材料（1人前）

鶏むね肉（皮なし）…150〜200g
卵…1個
卵白…1個分
ほうれん草…2本
しめじ…1/3パック（30g）
塩・こしょう…各少々
オリーブオイル…小さじ2
トマトケチャップ…適量
添え物に彩り野菜（サラダ菜など）…適宜

作り方

❶ ほうれん草はゆでて2cm幅に切る。しめじは石づきを落とし細かく切る。鶏肉は1cm角に切り、フッ素加工のフライパンで両面を焼き、ほうれん草、しめじを加え軽く炒める。

❷ ボウルに卵を割り入れ卵白と❶を入れて塩、こしょうをして溶き合わせる。

❸ フライパンにオリーブオイルを熱し、❷を流し入れる。大きくかき混ぜて固まってきたらまとめてオムレツにする。皿に盛り、ケチャップをかける。

メンタル

もっと太ももを太くしたい！ 理想は「砂時計」のような体

自分の体でいちばんお気に入りの部位は下半身。特に、ヒップから太ももにかけてのラインが大好き♡ 昔テニスをしていたから、もともと下半身はずっしりしていたけど、ウェイトとムーブメントを組み合わせることで、短距離走の選手のような軽やかかつ、しなやかで張りのある太ももになってきました。今よりさらに太ももを太くして、引き締めるところは引き締まった砂時計みたいな体になりたいな。今日もダッシュ、頑張ります！

ごはん

トマトと鶏むねひき肉で 夕食前の軽食スープ

夕食前の軽食として作ったチリスープ。トマトや豆、玉ねぎを細かく刻み、鶏むね肉のひき肉を入れてオリーブオイルで炒めてトマトを入れて煮込むだけの簡単レシピ。野菜は様々な種類を入れた方がおいしくなります。1食分に250gほど使うことも。運動するなら糖質も程よく食べたいので、ここにかぼちゃを入れればボリュームも十分。いつも料理に使う油は、オリーブオイルかココナツオイルが基本です。

メンタル

週1日で2時間トレーニングするより、 15分でも毎日続ける方が結果が出る

トレーニングを始めるきっかけは、素敵な水着を着たいとか、体を引き締めたいとか、なんでもいいんじゃないかな？　いくらやる気があっても週1日しか動かなかったら、理想の体への道は遠くなっていきます。だから大事なのは、最低週5日は家で15分でもいいから集中してトレーニングに取り組んでみること。そのうち体が慣れていって、少しずつ長く続けられるようになるんです。

ごはん

朝食は和食派
納豆は2パック食べることも

朝食は和食の頻度が高い我が家です。特に納豆はよく食べます。2パック食べることも（笑）。朝は豆腐、卵、納豆とパッと食べられるものでたんぱく質やエネルギーを摂取。私は最低1時間くらいジムでのトレーニングが日課になっているので、朝食べないとトレーニング中クラクラするからしっかりと！　特に運動量が多くて、大量のエネルギーが必要な日はこれに更にグリーンスムージーをつけることもあります。

ジムトレ

バク転ができる日を夢見て
逆立ちトレーニング

29歳の目標はバク転ができるようになること！　そのための逆立ちの練習。トレーニングの前後に行ないます。1週間のうち、5日はトレーニングすると決めているんですが、そのうち1日をバク転の練習の日に。バク転はジャンプの練習もするけれど、そこで学んだことが普段のトレーニングに生かされていたり、逆にトレーニングで鍛えた肩や腕の筋力がバク転に生かされたり、自分の体の変化や可能性を追求するのが楽しくて仕方ない！

ドレスアップ

ドレスを美しく着こなすために
上半身を集中筋トレ

大好きな旦那さんとの結婚式では、友人からガリア・ラハブのドレスをレンタル。背中ががっつり開いた素敵なデザイン！　ドレスはパツパツに伸び切ったくらいで着るのが美しいと思うから、結婚式までのトレーニングはより気合いが入りました。普段より上半身のトレーニングにも力を入れたら、背中が広がってきて背骨のくぼみも映える、きれいな逆三角形体型になりました。ウエストのくびれが女性らしい♪

バルサミコ酢で疲労回復も狙える！

牛肉のバルサミコ焼き 食べる野菜ソース

脂が少ない赤身の牛肉は筋トレ女子の必須食材。バルサミコの酸味が疲れた体に染みる！ 野菜をさっと煮ることで甘みが引き立ち、一皿ペロリと食べられるおいしさです。（栗原）

たんぱく質量

45.7g

材料（1人前）

- 牛もも肉（ステーキ用）…200g
- キャベツ…1枚
- パプリカ（赤・オレンジ）…1/2個
- にんじん…3㎝
- 玉ねぎ…1/8個
- コンソメスープ…200㎖
- 塩・こしょう…各少々
- オリーブオイル…小さじ1
- バルサミコ酢…適量
- パルメザンチーズ（粉）…適量

作り方

❶ キャベツ、パプリカ、にんじん、玉ねぎは1㎝角に切る。鍋に入れてコンソメスープを注いで野菜が柔らかくなるまで煮て、塩、こしょうで味を調えて取り出しておく。

❷ 肉に塩、こしょうをして、フライパンにオリーブオイルを熱して強火で牛肉の表面を焼く。粗熱が取れたら、斜めそぎ切りにする。

❸ 皿に❶の野菜を敷いてステーキを盛り、バルサミコ酢を回しかけ、パルメザンチーズを散らす。

ごはん

塩分はむくみと脂肪に直結！
味付けは基本的に薄めが鉄則

今日の夕食は鶏もも肉とじゃがいもの煮物、サーモンのお刺身、ほうれん草とマッシュルームの炒め物、白菜とシーチキンの煮びたし。負荷の高いトレーニングをしたから、オレンジジュースも添えました。糖質が摂れるし、クエン酸も入っているので疲労回復効果が期待できそう。塩分を摂りすぎるとむくみや脂肪につながるので味付けは基本的に薄味。軽くしょうゆを入れたり、塩・こしょうで調えたり。素材そのものの味を引き出します。

おやつ

トレ後、寝る前で
プロテインの種類を使い分け

スポーツサプリブランド、「DNS」のプロテインスムージーがおいしい！　ハードなトレーニングの後は筋肉が損傷した状態でエネルギーも足りないから、たんぱく質を中心に足りない栄養を補ってあげなきゃ。トレーニング後1時間以内にごはんが食べられないときは、「ホエイプロテインSP」をよく飲んでいます。寝る前は「スロー」という種類を。これは寝ている間にたんぱく質を一晩かけてゆっくり補給してくれ、筋肉作りを助けます。

メンタル

トレーニングが積極的な
性格に変えてくれました

以前はちょっとネガティブだったのですが、トレーニングを始めてから積極的な性格に変わりました。チャレンジ精神も強くなり、バク転や、トレッキングも最近新たに始めたことのひとつ。今まで股関節が固くてお尻が突っ張るような歩き方だったけれど、トレーニングの後にしっかりほぐすようにしたらお尻の筋肉を正しく使える歩き方に変わりました。大股で美しい姿勢で歩けるようになり、自信もつきました。

ごはん

昼ごはんは定食をセレクトすれば間違いない！

朝食と夕食は手作りだけど、昼食は仕事の都合もあり外食が多め。バランスよく栄養を摂れるから、定食屋さんによく行きます。今日のメニューは牛肉野菜炒め定食。付け合わせの里イモはイモ類の中ではカロリー低めなんです。

ジムトレ

地味なパーツトレーニングも理想の自分へ近づく一歩

「シングルレッグプレス」は足の角度を45度にすることでお尻周りに効かせています。10〜12回×4セット。パーツトレーニングは地味だけれど、やった分だけ理想の自分に近づけると信じています！

ごはん

我が家の定番アイテム鶏むね肉のソーセージ

鶏むね肉のソーセージ「TANPAKUN」。100g程度オムレツに混ぜたりして使います。アンダーアーマーの栄養アプリを使って栄養管理していたこともあります。たんぱく質量だけでなく、色んな食材の栄養の知識がつきました。

ジムトレ

自分に合ったトレーニングが長続きするコツのひとつ

私は動くことが大好きだからムーブメントに取り組んでいるけど、トレーニングにはたくさん種類があるから、色々チャレンジして自分の好きなものを探してみるのも続けるコツ。アンダーアーマーのウェアで今日も頑張る！

ごはん

長ねぎのスープは
お酢を入れて疲労回復効果を狙う！

長ねぎのスープもよく作ります。焼いた長ねぎを和風だしのスープに入れて火にかけ、軽くしょうゆで味を調えるだけ。肉団子も入れるとだしが出てよりおいしく！　特に疲れたときはお酢を入れてクエン酸で疲労回復を狙います。

ごはん

魚は白身をチョイス
レモントマトソースでアレンジ

夕食は、白身魚に刻んだパセリとプチトマトをのせて、レモン汁とオリーブオイルをソースがわりに。あとはミネストローネと、玄米、焼いた長ねぎ。ガーリックやバルサミコなど、アレンジバリエを増やせば焼くだけでも飽きない！

メンタル

やせているだけがキレイじゃない！
お手本になれるよう努力を続けます

私はロスに引越して初めて「自分のなりたい体」に出会うことができました。でも、まだ日本ではただやせている体が美しい風潮があります。私は自分自身が健康的で美しい体を作ることで、みんなのお手本になりたい！

ジムトレ

バトルロープで
“一石三鳥”のトレーニング！

「バトルロープ」を使って全身トレーニング。1本約10kgほどのロープを左右の手で握り、上下に動かす運動です。上半身の筋肉全体に効果があるほか、体幹の強化、下半身の筋肉も刺激。有酸素運動としての効果もあります。

家トレ by 栗原ジャスティーンさん

Training

お尻と下半身全体を鍛える！

ランジ

2
1
POINT
体のバランスが
崩れないように注意
片足を２歩ほど前に踏み出す

「ランジは基本の下半身トレーニングのひとつです。股関節やバランスも鍛えられますよ」。手は腰に置き、背筋を伸ばして両足を肩幅に開いて自然に立つ。このとき、頭の先からつま先までまっすぐになるよう意識する。ひざに力を入れずに立つ。

片足を体から2歩ほど前に踏み出し、息を吸いながら腰をゆっくりと落とす。落としきったら、前方の足のかかとに力を入れ息を吐きながら、*1*の状態までゆっくり体を起こす。逆足も同様に。片足ずつ15回×3セット。

Training

「腹筋」運動よりもオススメ！

プランク

1

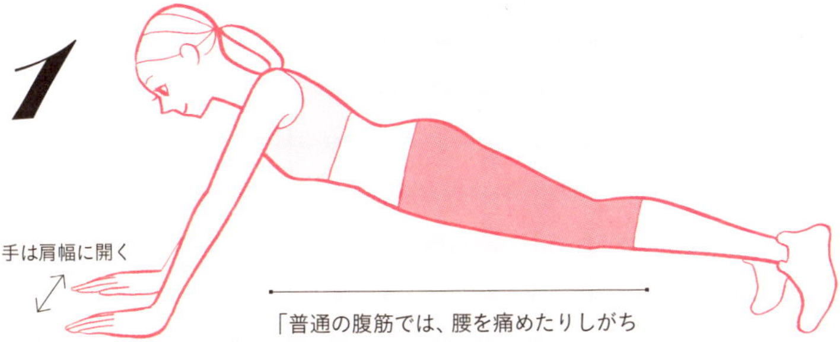

「普通の腹筋では、腰を痛めたりしがちなのでプランクがおすすめです。見た目は地味ですが、腹筋にしっかりプルプル来るのを感じられるはず。慣れたら時間をどんどん長くして」。うつ伏せの体勢になり、両手のひらを床につける。脚は伸ばし、つま先を立てる。

2

POINT

お尻の上げすぎ、下げすぎは、どちらもNG

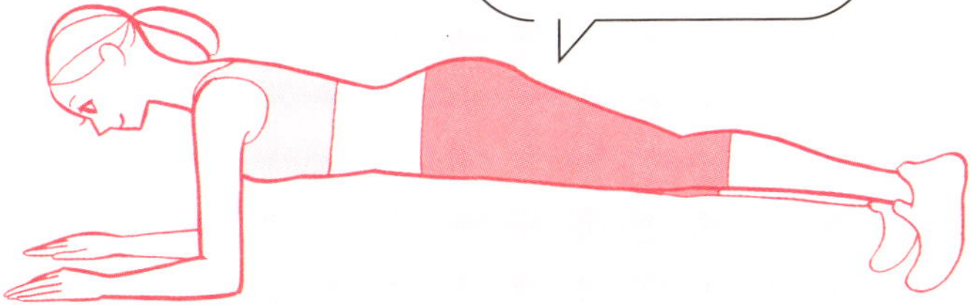

両腕を曲げて、両ひじで上半身を支える。肩とお尻が平行になるように意識し、体を一直線に。この体勢を30〜60秒キープ。

wa Maya

宮河マヤさん

プリンとしたお尻が自慢。脂肪がうっすらのった柔らかボディを目指してます

Profile　@maya_m0901

1990年生まれ、オランダ・アムステルダム出身。ファッションモデル、タレント。趣味はワークアウト全般。ベストボディ・ジャパン2017さいたま大会4位、同年東京大会3位。

#02 Miyaga

人と比べられてばかり。でも、自分と向き合うことを筋トレが教えてくれた

　プリンと柔らかく、でも張りがあって垂れていない。インスタグラムなどで"究極の美尻"が注目を集める宮河マヤさん。昔はコンプレックスが多かったと語ります。

「幼いころから体を動かすことが好きで、水泳や陸上などをしていました。とはいえ、『自分はコレ！』と言えるほど成績を残したこともなくて。他人と比べられることも多くて、自分に自信が持てなかったんです」

　しかし7年前、トレーニングと出会うことで人生の進むべき道が開けます。

「バラエティ番組で私のお尻が注目されたことで、自分のお尻に自信がついて。もっと丸くキレイなお尻を目指したくて、トレーニングを始めたんです。トレーニングはやった分だけ体が確実に変わってくれる。それも大きなモチベーションになりました」

　トレーニングはマシンが中心。スクワットなどで下半身を鍛えています。

「トレーニングは週に3～4回くらいかな。私の場合は筋肉がつきすぎるのも嫌で、女性的な柔らかさを残した引き締まった体を目指しています。ジムに行かない日はあえて自転車で移動したり、大股で犬の散歩をしたり。日常に運動を取り入れています」

　食生活は決め込まず、好きなものを食べるようにしているそう。

「鶏むね肉だけ食べるとか、ストイックすぎると続けていけませんから。今は、カロリーというよりも『質のよい食べ物』を好んで食べるようにしています。糖質もカットしないできちんと摂った方が調子がいいですね。でも、肉は焼いて余分な脂質を落としたり、脂肪が少ない赤身肉を選ぶようにしています」

　必要な栄養素は質のいい食事から摂り入れています。

「たんぱく源として、牛、鶏むね肉、鮭をよく食べますね。普段はごはんや玄米が主食ですが、外食ではパスタなどの炭水化物を食べることもあります」

　体も変わり、自分だけの強みを見つけた宮河さん。今は、あえてタイトな服を着て街を歩いているそうです。

「レギンスやショーパンでも平気なのは、今の自分の体が大好きだから。トレーニングは自分に向き合うことで、自分を愛せるようになるんです。一生トレーニングを続けて、年をとっても美しくあるというのが理想なんです」

BODY & TRAINING DATA

・身長	170㎝
・体重	50㎏
・体脂肪率	17～18%
・トレーニング（1回：約2時間）	週3～4回

普段は普通のジムに週3日で行っています。パーソナルジムにたまに。トレーニングはマシンや自重中心。今日は上半身、下半身などと分けて鍛えることが多いです。ジムに行けない日でも筋トレができるよう、事務所や家にダンベルやストレッチポールを置き、20分ほど鍛えています。

ジムトレ

ジムでは〝ウェイト〞
家では〝自重〞と使い分ける

常にトレーニングウェアを持ち歩いていて、仕事で空き時間があるときなど、パッとジムに行ってトレーニングするのを習慣に！　正しい動きを知るためパーソナルトレーニングにも通っています。家では自重トレーニング中心。今日は15～20kgのウェイトで「バーベルスクワット」。脚を大きく広げて、かかとに重心をかけることで、太ももではなくヒップに効かせています。

ごはん

外食ではサラダがたっぷり
食べられるお店をリストアップ

以前はジャンクなものも平気で食べていたけど、鍛えだしてからは不思議とあまり食べたいと思うことがなくなりました。余計な味付けがされていない料理を食べることで余分な脂肪がつかないように気をつけています。外食でもボリュームサラダを食べられるお店に詳しくなりました（笑）。今日のメニューはレタスと赤キャベツのサラダ。普段はここに、玄米ごはんやお肉をつけます。

ドレスアップ

脂肪が薄くのった
丸みのある女性らしい体型が理想

以前、モデルの仕事のために食生活を制限していたこともありましたが、どんどんやせてしまってとてもストレスでした。私は女性らしい脂肪も薄くのった丸みのある体型が好きだし、それが理想。お尻もプリッとしていたいし、女性らしい筋肉がついた健康的な体を目指しているので、今は体が食べたいと思ったものをちゃんと食べるようにしています。

ぷちぷちキヌアで美肌をゲット

サーモンのサラダ丼

サーモンの脂肪はオメガ3といって、血中のコレステロール値を下げてくれるなど嬉しい効果がいっぱい。ゆでた鶏むね肉や焼いた牛肉に変えても！（宮河）

Miyagawa Maya

たんぱく質量 **26.1g**

材料（1人前）

- サーモン（刺身用）…100g
- 玄米ごはん…150g
- ブロッコリー…2房
- にんじん…3cm
- アボカド…1/2個
- 玉ねぎ…大さじ1
- キヌア…大さじ2
- サラダ菜…1～2枚
- ガーリックチップ…少々
- ごまドレッシング（市販）…適量

作り方

1. 鍋に500mlの水（分量外）を沸かし、キヌアを加えて約10分ゆでる。ゆで上がったらザルに取り、水切りをしておく。
2. サーモン、ブロッコリー、にんじん、アボカド、玉ねぎを1cm角に切る。ブロッコリーは沸騰したお湯で下ゆでする。にんじんは水からゆでる。
3. 皿にサラダ菜を添え、玄米ごはんを盛り、❷、ガーリックチップとキヌアをバランスよく散らす。お好みでごまドレッシングをかける。

※キヌアは玄米と一緒に炊き込んでもOK。

ジムトレ

鍛えたいパーツはやっぱりお尻！ ワイドスクワットで体幹を鍛える

ストレッチポールを持って行なう「ワイドスクワット」。スクワットとして大臀筋や太ももに効果があることに加え、ポールの高さが左右でブレないように気をつけながら腰を下ろしていくことで上半身の体幹もしっかり鍛えられます。お腹に力を入れないと体が前のめりになるし、腕は痛いしでキツいけどやりがいがある！　常に鏡を見ながらフォームをチェック。

ごはん

大戸屋は かなりの頻度で行きます

実は大戸屋のヘビーユーザー。色んな食材を使った定食メニューが豊富なので、バランスのいい食事ができます。できるだけ自然な味付けで、お肉も焼いただけといった、あまり加工されていないヘルシーなメニューを選ぶことが多いです。今日の昼食は「彩り野菜と炭火焼きバジルチキン定食」。10種類の野菜の上に、焼いたチキンがのったメニューです。

家トレ

時間がない日は会社でトレーニング 置きダンベルもしています

仕事が忙しくて時間がないときでも、なるべく体を動かせるように「運動できる」場所や機会を日々のなかで確保するようにしています。例えば事務所の会議室で、私がトレーナーとしてスタッフさんたちに教えつつ、みんなでエクササイズをしたり。事務所には空き時間でもトレーニングできるよう、ダンベルと、ヨガマットも常備しています。私が勝手に置きました（笑）。

ごはん

ジャンクフードを食べるくらいなら質のいい“肉”をたっぷりと！

以前ストイックすぎる食生活をしていたときは、あばら骨が浮いて見える体でセクシーじゃなかったし、食べたいものを食べられないことのストレスがとても辛かった。だから、ときには食べたいものを思いっきり食べることも重要。でも、だからといってジャンクフードを食べるのではなく、質のよいお肉を積極的に食べる、酸化した油を摂らないなど、食材の質に気をつけています。

家トレ

家トレでマストで使うトレーニンググッズ3点

家で使っている腹筋ローラーと10kgのダンベル、フォームローラー。腹筋ローラーはキツいけど、インナーマッスルを鍛えてくれるからお腹が引き締まるうえ、健康にも◎！ フォームローラーは全身の筋肉をほぐすもの。コロコロするだけで、体のこり、むくみに効きます。ダンベルはひとつあると家トレの効果がぐっとUP！ 初心者なら軽いものから始めるといいと思います。

ジムトレ

丸いお尻を目指せるケーブルバックキック

「ケーブルバックキック」は、丸くてパンとしたヒップを作るために欠かせないトレーニング！　体を少し前に倒してケーブルで負荷をかけながら片足を後ろに蹴るように上げていきます。お尻の高さを作る真ん中部分を集中して鍛えることができます。大臀筋の収縮を意識しながら行なうと、ちゃんと効いているかどうかわかりますよ。

ネバネバとろろが胃腸を整える

焼き肉のとろろがけ

普段からとろろはよく食べます。胃の粘膜を守る成分が含まれているので、肉を食べてももたれません。むくみに効果的なカリウムも入っています。（宮河）

＋

たんぱく質量

31.3g

材料（1人前）

牛肩ロース肉
（薄切りまたは焼き肉用）…5～6枚
ブロッコリースプラウト…適量
きゅうり…1/2本
大和イモ（長イモでも可）…2cm程度
塩、こしょう…各少々
オリーブオイル…小さじ1

作り方

1. きゅうりを千切りにする。大和イモは皮をピーラーでむき、すりおろす。
2. フライパンにオリーブオイルを熱して牛肉を焼き、塩、こしょうで味を調える。
3. 器にきゅうりを敷き、❷を盛り、とろろをかけて、スプラウトを散らす。

Miyagawa Maya

お休み

トレーニングのおかげで
マラソンも快走!

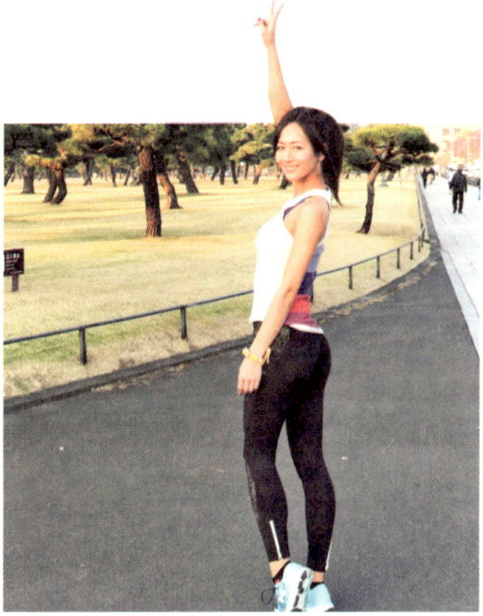

今までに何度かフルマラソンに出場しています。山道を30km走ったりと本格的な練習をすることも。以前は大会の数ヶ月前からトレーニングをして臨んでいましたが、今では脚とお尻が強くなったため以前より簡単に完走できるようになりました。トレーニングで普段動かせていない筋肉を動かせるようになったので、股関節の可動域も広がったと思います。

ごはん

ランチの定番
野菜たっぷりのワンボウルコブサラダ

家での昼食は大量のワンボウルサラダを作ることが多いです。レタスを敷いて、きゅうりとゆでたにんじんと鶏むね肉をたっぷり。生サーモンをのせても◎。仕上げにガーリックチップを散らせば、香ばしい香りで食欲もそそられます。味付けはノンオイルのオーロラドレッシングか、体を絞るときはレモンや塩・こしょうを。たっぷり野菜とたんぱく質を一度に摂れるメニューです。

ジムトレ

家でもできる上級編、
オーバーヘッド ワイドスクワット

ボールがあれば家でも取り組むことができる「オーバーヘッド ワイドスクワット」。手に持っているのは「メディシンボール」。2〜3kgのボールで、自重トレーニングにより負荷を加えることができます。安定しないボールを頭上に掲げながらスクワットをするので、体中の筋肉を使って支える必要があります。大きく足を広げ、腕は真上に上げるのがポイントです!

ジムトレ

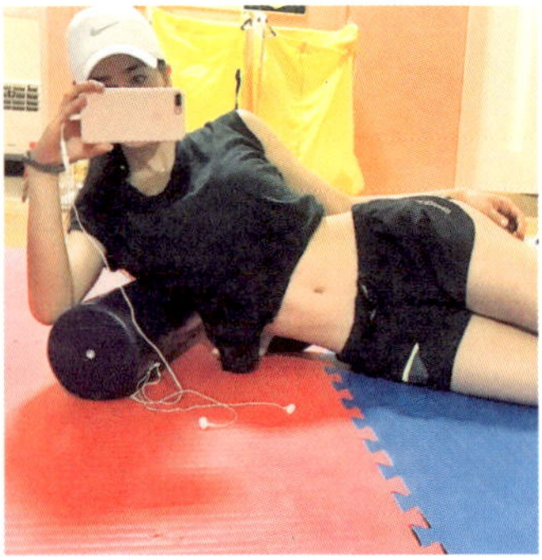

筋肉をほぐすまでがトレーニング！入念にストレッチ

トレーニング後はストレッチポールでお尻、太もも、裏もも、肩甲骨周りなどを念入りにストレッチ。筋膜リリースもできて、関節や筋肉の動きもよくなる！　毎日欠かさず使っているアイテムです。

ジムトレ

ラットプルで目指せ！キレイな女性らしい背中

「ラットプルダウン」は背中全体を鍛えられるトレーニング。特に肩の下にある大円筋や、僧帽筋を鍛えられます。フェミニンな背中が作れるので、キレイな後ろ姿を目指すならオススメのトレーニングです。

ごはん

サラダチキンはできるだけ添加物の少ないものを

忙しいときは、コンビニで市販のチキンを買うこともあります。それにサラダと、たまにアサイードリンクも。丸善のチキン「国産若鶏のジューシーロースト」は保存料・発色剤が使われていないし、ささみだから体にもよさそう♪

おやつ

柔らかい体型にしたいから糖質はカットしない

空腹は筋トレのいちばんの敵。お腹が減ると筋肉が分解されてしまうので、ドライフルーツやバナナなど、おやつは絶対に常備しています。柔らかさを感じる体を目指しているので、糖質はカットしすぎないようにしています。

ごはん

時間のない朝にさっと作れる
アサイースムージー

朝時間がないときによく作るスムージー。アサイーとケール、りんご半分とバナナにりんごジュースを足して、ミキサーにかけたもの。美容効果のあるクコの実を20〜30粒のせていただきます。チアシードをのせることも。

ごはん

黒酢あんかけ定食で
野菜と元気を一緒に摂取！

今日のランチもやっぱり大戸屋！「鶏と野菜の黒酢あん」定食は、素揚げしたにんじん、じゃがいも、なす、レンコン、いんげん豆などの野菜と鶏の竜田揚げを黒酢あんで絡めたもの。黒酢は美肌効果もあるキレイの味方です♪

Miyagawa Maya

家トレ

トレーニングは
仕事にしたいほど大好き！

ホテルでストレッチ。筋トレはジムだけじゃなく、家でもどこでもやります。今はモデルとしての活動が多いですが、将来はフィットネスを中心に活動していきたい。女性が健康的な美しさを作るための手助けをしていきたいです。

おやつ

「飲む点滴」甘酒を
トレ後のヘルシーなおやつに

甘酒は「飲む点滴」と呼ばれるほど滋養強壮効果があるので、たまにトレーニング後に飲みます。アミノ酸も豊富で美容成分が含まれていて、腸内環境改善や美肌にも効果があるとか。糖質がトレーニングの疲れを癒してくれる！

家トレ by 宮河マヤさん

Training

女性らしいくびれをゲット

ダンベルサイドベント

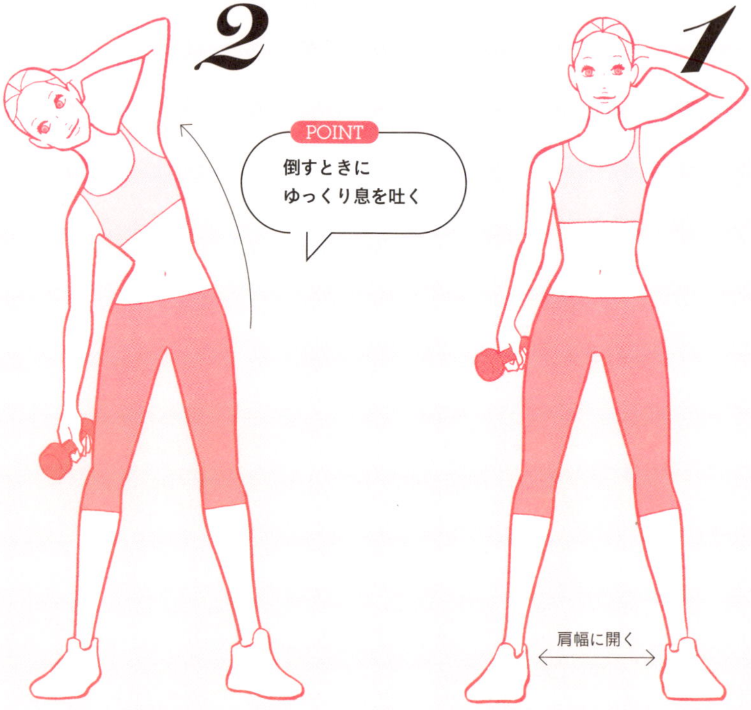

「家でテレビを見ながらでもできる、くびれエクササイズです。ダンベルの重さは初心者なら2kgくらいから始めてみて」。両足を肩幅に開いて立つ。片手にダンベルを握って腕を伸ばす。逆の手は頭の後ろに当てる。

ダンベルを持った方向に体を倒していく。このとき、ダンベルを持っていない側の腹斜筋の刺激を意識する。3秒ほど停止したらゆっくりと体を起こす。逆側の手も同様に。両側とも15~20回×3セット。

お尻引き上げ＆お腹に縦すじ。体温も上がって内臓も元気に

Training

パンと張ったお尻と太ももに

フルスクワット

2
1
POINT
曲げたときに、ひざがつま先より前に出ないように注意
足は肩幅より少し開く

下半身の筋肉を意識しながら、ゆっくりひざを曲げて深くしゃがむ。視線は落とさず前向きをキープ。かかとに力を入れながらゆっくり***1***の体勢に戻る。20回×3セット。

「スクワットには色々な種類がありますが、ぎりぎりまで腰を下げるのが基本の『フルスクワット』。かかとに力を入れるようにすると、お尻に効果的に効かせることができます」。両足を肩幅よりも少し広く開き、つま先を外側に向ける。背筋を伸ばし、肩甲骨を寄せるようにして胸を張る。手は頭の後ろに組む。

moto Emi

柳本絵美さん

過食症で悩んだことでトレーニングの道へ足を踏み入れました

アイドルなのに体重55kg、体脂肪率30％！　そこから筋トレに目覚め7kg減の変身を遂げた柳本さん（P.5参照）。何より嬉しかったのは「過食症」から抜け出せたことだそう。

「アイドルとはいえブレイクしていたわけでもなく、ストレスから、過食症になってしまったんです。限界まで食べて、吐いて。顔も体もむくんでパンパン。いろいろなダイエットにも挑戦しましたが、全然やせられなくて……。精神的に参っていたときにゴールドジムに通っていた友人に筋トレをすすめられたんです」

ゴールドジムの初心者向けのコースはマシンの使い方を丁寧に教えてくれ、筋トレメニューも組んでくれるというもの。

「1ヶ月目に、あれ？　最近過食してないな……って気がつきました。2ヶ月で3kg、半年で7kg減りました。体重以上にボディラインの変化が嬉しくて、トレーニング量を増やしたんです！」

今ではパーソナルトレーナーとしても活躍。基本の「BIG3」と言われる、ベンチプレス、デッドリフト、スクワットがお気に入りなんだそう。

「きちんと重量をかけて、大きな筋肉群を効率的に鍛えられるから、全身の血流がよくなって脂肪が燃えるし、セルライトにもいいんです。スクワットのヒップアップ効果は有名ですが、ベンチプレスは小顔効果も高く、デッドリフトは背中のハミ肉が落ちたりと、女性にも必須だと思います」

以前とは、全く異なる食生活を送っているそうです。

「1日3食のほか、2食ほどおやつも食べています。空腹になると筋肉の分解が起きるので、お腹をすかせないように気をつけていますね。たんぱく質をしっかり摂るほか、私は脂質の代謝が悪いので、脂質を抑えるようにしています」

トレーニングを始めて2年、心にも変化がありましたか？

「今でも、根っこのところでは気弱な私がいます。でも、誰よりも頑張ってトレーニングしてきた自信が、私を支えてくれる。これからも、ダイエットや過食症で悩んでいる人に『アクションを起こせば変われる』こと、そして正しい知識を伝えていきたいです」

BODY&TRAINING DATA

・身長	163㎝
・体重	50kg
・体脂肪率	18%
・トレーニング（1回：約1時間半～2時間）	週5回

ジムでは1日1部位と決めて、「今日は脚」、「明日は背中」とパーツ別にトレーニング。「ベンチプレス」、「デッドリフト」、「スクワット」は必ず取り入れます。家でトレーニングはあまりせず、ボールでトリガーポイントをほぐしたりしています。

#03 Yanagi

過食症から筋トレで脱出！
7kg減、メリハリ美ボディに

Profile　@emiyanagimoto

1992年、東京都生まれ。「ミスFLASH2009」を受賞し、アイドルとして活動を続けていたが、体型に悩んで2016年からトレーニングを開始。ベストボディ・ジャパン2017日本大会グランプリを受賞。

— workout and food record —

メンタル

自分のよさってなんだろう？ 劣等感を克服

私はもともとコンプレックスの塊。ハーフに生まれたかったから「ハーフじゃない私なんて」って、人と比べてばかりでした。でも、筋トレって自分と向き合う作業なんです、外見も内面も。次第に客観的に「自分のよさってなんだろう」と考えられるようになりました。体の見せ方や、髪型、ファッションも変わりましたね。誰よりもトレーニングを頑張ってきた自信が私の支えです。

ジムトレ

どの筋肉を狙っているトレーニングか常に正しいフォームを意識して

どの部位を狙ってトレーニングをしているか、常に意識してます。例えば、「デッドリフト」なら肩を上げず、トップで胸郭を開きしっかり腹圧を入れること。メインセットは90kgで7～8回×3～5セットで組んでいますが、アップは25kgから。正しいフォームでやれば、ちゃんと効くはずなので、効いていないと感じるならばトレーナーから、正解を教えてもらうのが◎。

ごはん

玄米を80gずつ小分けにして保存。1日に5個分しっかりいただきます

私は糖質の代謝がいいので、毎食しっかり炭水化物を摂ります。大体、GI値が低い玄米をチョイス。一気に4合くらい炊いて、80gずつ保存容器に小分けにして冷凍保存。それを朝と昼は2個ずつ、夜に1個食べています。合わせるおかずは、高たんぱく低脂質な内容に。筋肉を増やしたい時期は、違う刺激を加えるために、あえて昼は白米にすることもあります。

ゆで鶏はアレンジレシピも豊富な便利レシピ

しっとりゆで鶏
カオマンガイ風

簡単にできるしっとりゆで鶏は、お弁当や普段の食事に欠かせない食材！私は脂質をカットしたいときは、皮を取っています。（柳本）

Yanagimoto Emi

たんぱく質量

35.6g

※鶏むね肉150gの場合

材料（1人前）

鶏むね肉…150～200g
塩…少々
トマト…1個
香味野菜（パクチー、ミント、かいわれ大根など）…各適量
チリソース（市販で甘みが控えめのもの）…適量

ゆで鶏の作り方

1. 鶏むね肉に塩少々をふり、耐熱性のジッパーつき保存袋に入れてなるべく空気を抜く。
2. 鍋にたっぷりのお湯を沸かし、沸騰したら、❶を袋ごと入れふたをして1～2分加熱する。その後、常温になるまで放置する。中心部まで熱が通ったら完成。保存するときは、袋に入れたまま冷蔵庫で保存する。

※ ふたをして余熱で調理するゆで鶏です。肉の厚みや量によって余熱だけでは火が通らないときがあります。その場合は過熱して火を通してください。

※ 蒸して作る場合は、耐熱皿に鶏むね肉をのせ、塩少々、酒小さじ2をふり、蒸し器で約7分加熱してそのまま冷ます。

カオマンガイ風プレートの作り方

1. ゆで鶏を食べやすい大きさにそぎ切りにする。
2. ❶を器に盛り、香味野菜、半月切りのトマトを添え、チリソースをつけていただく。

ごはん

トレーニングができない日は
鶏むね肉と野菜を中心に

お弁当を作る暇がないときは、コンビニやスーパーも活用します。ここでも高たんぱく低脂質なメニュー。コンビニのサラダチキンは便利ですね。普段、私は牛肉をたくさん食べますが、トレーニングできない日は脂質をさらに抑えるために、鶏むね肉と魚、野菜が多めになります。家で簡単なゆで鶏（レシピはP.43参照）を作っておいて、保存して使うこともあるんですよ。

ジムトレ

大胸筋を鍛えるトレーニングで
肌ツヤのよい小顔を目指せます

「インクラインベンチプレス」は「上半身がムキムキになりそうで嫌」という女性が多いんですけど、とっても大切なトレーニングです。上向きのきれいなバストを作るために効果的ですが、実は小顔効果も！　上半身をまんべんなく使って筋肉を養えるので、皮膚のたるみが改善されて、フェイスラインが変わります。7kgを10回×3〜5セット行ないます。

ごはん

1日に牛肉500g食べる日も！
たんぱく質を摂取して美しい体に

以前は知りませんでしたが、筋肉や血液、骨、肌など、美しい体を作るために必要なのがたんぱく質です。ベストボディ・ジャパンなどの大会前はトレーニング量も増えるので、1日にたんぱく質量100〜120gくらい、鶏肉や牛肉を300〜500gは食べていますね。よく「大会前は水も飲まない」という方がいますが、食べないと筋肉が分解して逆効果。ちゃんと食べるのが大事です。

ごはん

脂肪ゼロでたんぱく質も多めなヨーグルトは、プラス1アイテムに便利

脂質を代謝しにくい体質なので、脂質の少ない食事を心がけています。時間のないときや間食のときに便利なのが、ヨーグルト！　最近は脂肪ゼロのヨーグルトも多いので選びやすいです。お気に入りは「oikos」。味のバリエーションもあり、脂肪分がゼロで、しかもたんぱく質は9g程度と多め。ちなみに、脂を全てカットするのではなく、お肉などから質のよい脂を摂取します。

ドレスアップ

「自分らしさ」を客観視！髪型や色を考え抜いてグランプリに

ベストボディ・ジャパン2017日本大会では、予選を勝ち抜いてきたライバルはモデル級の人ばかり。凹みそうになりましたが、客観的に見てみたら「かわいい系」の候補者がいなかったんです。それで、ポニーテールの位置を調整したり、照明が当たってきれいに見える髪色に変えたりと「私らしさ」を出す工夫をしました。その甲斐あって、ガールズクラスグランプリを受賞できました！

おやつ

筋肉の分解を防ぐために間食！低脂質の和菓子を運動前にパクリ

お腹がすくと筋肉の分解が始まってしまうので、日ごろから空腹にならないように工夫しています。トレーニング前に何も食べないと、動いている間にお腹がすいてしまうから、運動30分前に間食を。お気に入りは和菓子！特にお団子と大福は、脂質が少なく、糖質もほどよいので重宝しています。満腹になりすぎても動けないので、お団子1本、大福1個くらいが目安ですね。

美容に効くビタミンB_2効果でおいしくキレイに

がっつり！
牛ステーキ

> ステーキ大好き！　脂身の少ない赤身肉を選べば罪悪感ゼロ。牛肉は皮膚や髪の細胞の再生を促してくれるビタミンB_2も入っていて、実は美容にもいいんです。（柳本）

＋

たんぱく質量

43.7g

※牛ひれ肉の場合

材料（1人前）

- 牛ひれ肉 or 牛もも肉（ステーキ用）…200g
- ブロッコリー…3房
- プチトマト…2個
- レモン…1/4個
- にんにく…1/2片分（すりおろし）
- 塩、こしょう…各少々
- オリーブオイル…小さじ1
- ノンオイルドレッシング（市販）…適量

作り方

❶ ブロッコリーはひと口大に切り、ゆでる。プチトマトは半分に切る。

❷ 牛肉ににんにくをすり込み、塩、こしょうをする。熱したフライパンにオリーブオイルを引き、牛肉を好みの焼き加減まで焼く。

❸ ❷を食べやすい大きさに切り、皿にのせて❶とレモンを添える。お好みでノンオイルドレッシングをかける。

ごはん

お昼は大好きなレバニラ筋トレ1時間前には食べ終えて

お肉も野菜もたっぷりで、にんにくが効いているレバニラが大好物です。ただ、定食って量が多いので、食べるタイミングは要注意。昼食後にトレーニングがあるときは、運動する1時間前には食べ終えるようにしています。

ジムトレ

女性向けブルガリアンスクワットできれいなヒップラインを手に入れる

下半身集中、「オーバーヘッドブルガリアンスクワット」は、ストレッチポールを持ち上げて2秒キープ。片足ずつ15回×3セット行ないます。ひざをつま先より前に出さず、姿勢を前に倒さないように意識すると、女性らしいボディに。

Yanagimoto Emi

おやつ

たんぱく質豊富で脂質0.7gのプロテインバーをバッグに常備

和菓子のほかに、プロテインバーも間食としてよく食べています。脂質が0.7gしかない「ウィダーin BAR」のプロテインは、家にストックしておいて、毎日持ち歩いているほど。ちなみに、プロテインドリンクも毎朝飲んでいます。

ごはん

野菜選びは栄養価の高さを重視！毎日ブロッコリーとプチトマトを

毎日食べているのはブロッコリーとプチトマト。ブロッコリーは野菜の王様とも言われ、たんぱく質、ビタミンも豊富でスルフォラファンなどの抗酸化力も高いんです。あとはケールや、ほうれん草など、葉野菜を合わせてサラダに。

ごはん

トレーニングを始めてから好きな食べ物が変わりました

自然食レストラン「さんるーむ」によく行きます。これは「豚の玄米甘酒味噌漬け御膳」で、ライスは玄米をチョイス。過食に悩んでいたときはパンやパスタが好物でしたが、脂質が多く含まれているので、今ではめったに食べません。

ごはん

脂質低めのノンオイルドレッシング4種類をローテーション

野菜の上に、お肉や魚をのせていただきます。ドレッシングは脂質低めのノンオイルタイプを4種類揃え、飽きないように！ かいわれ大根はスプラウトの一種で、栄養価も高いのでお気に入り。減量期なら塩とレモンがオススメ！

ごはん

やせ期は牛肉の代わりにゆでた魚介類を活用することも

たんぱく質＝お肉のイメージが強いですが、魚介類も栄養満点。たんぱく質が多くて脂質が低いのが、タコやエビやイカ。お刺身用のタコをさっとゆでると美味！ 定食では、アスタキサンチン酸も豊富なサケの塩焼きをよく食べます。

ジムトレ

女性らしい美脚を目指してスティッフレッグドデッドリフト！

ぜい肉がついていない美脚を目指して、今日も「スティッフレッグドデッドリフト」を7kgのダンベルで10回×3〜4セット。太ももの裏や脚に効果的。自分で試してよかったものは、トレーナーとして女性たちにも教えています。

ごはん

目安は2ヶ月頑張ること！ 週2〜4回からコツコツ継続を

トレーニングをしてきて、思うのは「継続すること の大切さ」。1週間に一度、一気に運動するのではなく、週2〜4回コツコツやるのがいい。そして、食事も意識すると体の変化が早い！ 今日もお魚でヘルシーにたんぱく質を摂ります。

メンタル

背中から腰にかけてのラインが いちばんお気に入りのパーツです

よくインスタにはお尻の写真を上げていますが、私としてはお尻はまだまだ頑張りたいパーツ。お気に入りは、背中から腰にかけてのウエストライン。腹斜筋がきれいに入って、キュッと締まって見えるとモチベーションアップ！

おやつ

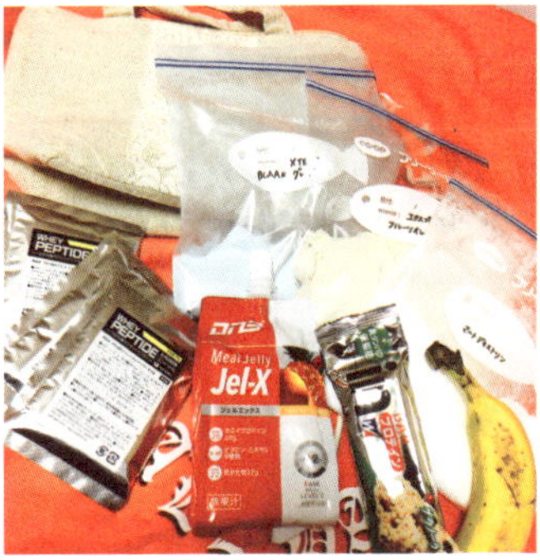

疲れ具合やなりたい体に合わせて アミノ酸サプリメントを使い分け

アミノ酸サプリは目的別に。まず、疲れを取るためにグルタミン酸。運動量が多いときは、筋分解を防ぐためにホエイペプチド、オフにはデキストリンも。最近は筋肥大を促進するため、クレアチンも飲んでいます。

メンタル

過食症で悩んだ経験がある からこそ、できることがある

最近、過食症で悩んでいたことを話すようになりました。もともとやせていたわけじゃなく、病んでいた経験のある私だからこその説得力ってあると思う。今はトレーナーもしていますが、気持ちがわかるからこそ親身になれるんです。

家トレ by 柳本絵美さん

Training

女性らしいくびれを目指せる

バランスツイスト

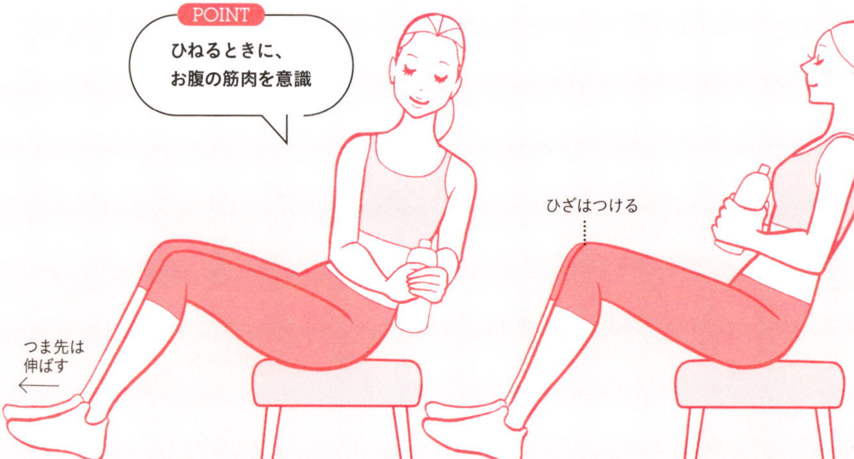

1

「ペットボトルで気軽にできる家トレです。腹斜筋や腹横筋など体の側面の筋肉にも効かせることができるので、よりくびれに効果的」。500mlのペットボトルを両手で持ち、背もたれのない椅子に座る。上半身を後ろに転がらない程度に倒す。足を床から離して、脚を上げてバランスをとる。できる限りひざは伸ばして。

2

下半身のバランスが崩れないようお腹に力を入れて息を吸い、息を吐きながら上半身をゆっくり左右にひねる。左右10〜15回×3セット。

背中の筋肉を鍛えれば、くびれが目立つ砂時計体型に！

Training

背中を鍛えて
誰もが振り向く後ろ姿に

簡単ペットボトルロー

1

「ラットプルなど、ジムでの機械を使ったトレーニングでないと、背中は鍛えにくいと思いがちですが、家でもきれいな肩甲骨を育てることは可能です！」。500㎖のペットボトルを2本用意し、片手で1本ずつ持つ。腕を斜め下に軽く曲げる。両足は肩幅より少し開き、ひざを軽く曲げて前かがみに。

2

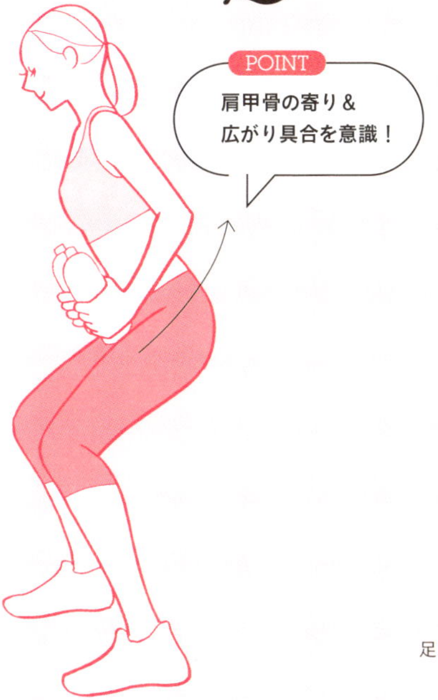

腕の角度は変えず、肩甲骨を寄せるようにひじをパッと素早い動きで、できる限り引く。今度は肩甲骨を開くイメージで、ゆっくり1に戻す。肩甲骨を寄せるときに肩が上がると、狙っている部位に効かなくなるので、肩は上げないように。15回×3セット。

Akane

里見 茜さん

ヨガと筋トレのハイブリッド！筋肉おたく道を極めます

Profile　@satomiakane

1989年、東京都生まれ。2007年より女性ファッション誌の専属モデルとして活動。モデル活動と並行して2014年に1ヶ月間ハワイへ留学し、全米ヨガアライアンス200を取得する。ベストボディ・ジャパン2016東京大会グランプリ、同2017日本大会3位受賞。

#04 Satomi

ヨガで体をケアして引き上げたい部分はトレーニングで補う

ヨガトレーナーとして活躍している里見茜さん。ヨガを始めたのは今から5年ほど前のことでした。

「以前はジャンクフードばかり食べたりと乱れた食生活を送っていました。体脂肪は23%くらいとすごく太ってるわけではないけど、締まりのない体になってしまって。だから最初はダイエット目的でヨガ教室に通い出しました」

汗を出すホットヨガから、ハードに体を動かすパワーヨガまで様々なヨガを経験し、徐々に体は引き締まっていきました。

「でも、ヨガだけだとメリハリのある体が作れなくて。私はヒップアップさせたかったし、くびれも作りたかったので、筋トレを始めたんです」

トレーニングとヨガを並行して続けることで、よい効果もあるそう。

「トレーニングをすると筋肉が疲れて固まっちゃうんですけど、それをヨガでほぐしています。体の回復も早いですよ。また、私は筋肉を大きくしたいわけではなく、あくまで引き上げることが目的。ヨガはしなやかな体作りに役立っています」

1日3食ちゃんと食べないとリバウンドしてしまうことがわかり、食事の内容も変化。今は野菜を積極的に食べ、たんぱく質は動物由来のものだけでなく、植物由来のものからも多く摂っているそう。

「大豆が大好きなんです。納豆は1回に3パック食べることもあります(笑)。あとは、グラノーラに豆乳をかけて食べるのも好き」

トレーニングを取り入れたことで、バランスよく引き締まった体を作り上げました。

「今は、週に2回ほど、1時間くらいトレーニングしています。筋トレを限界まで追い込んだ後に来る筋肉痛が楽しみ。また体が引き上がったり、変化していると思うと嬉しくて。ちょっと筋肉おたくの域に入っていると思います(笑)」

また、精神的にも嬉しい効果があったそうです。

「以前はちょっと短気だったけれど、前より性格が丸くなったように思います(笑)。多分、背中のトレーニングで巻き肩が治ったことが大きいですね。背骨は神経と繋がっていて、姿勢は健康と直結しているから、正しい姿勢でいることが重要なんです。これからも、ヨガは健康や若さを保つために、トレーニングはボディメイクのためにと、並行してずっと続けたいですね」

BODY&TRAINING DATA

- 身長　165cm
- 体重　50kg
- 体脂肪率　16%
- トレーニング　週2〜3回(1回：約1時間)

普段はパーソナルジムが中心。お尻周りを引き締めるトレーニングや、腹筋を鍛えるトレーニングを行ないます。朝起きてすぐ有酸素運動を1時間。体が引き締まります！　ヨガは毎日、1時間ほど行なっています。

ジムトレ

ツイストを加えたバックランジで お尻とお腹を引き締める！

私はヨガをしていることで代謝が上がったので、筋トレの効果も出やすいみたい。だから下半身トレーニングはモチベーションも上がります！「バックランジ」は、大臀筋と大腿四頭筋に効く動き。ツイストを加えて、体がブレないようお腹に力を入れて行ないます。お腹への引き締め効果も抜群！ 慣れたらダンベルを持って、より負荷をかけてのトレーニングもOK。

ごはん

きのこたっぷりシチューでデトックス 夕食は就寝3時間前まで

今日の夕食は大好きなきのこをシチューにしました。それにアボカドとサラダ菜、パプリカ、プチトマトのサラダをたっぷり添えて。きのこは普段からよく食べる食材。食物繊維が豊富なので、体のいらないものが排出されて代謝も高まります。食事をしてすぐ寝てしまうと脂肪が体に蓄積されてしまうので、夕食は夜寝る3時間前には絶対食べるようにしています。

家トレ

ヨガの瞑想で 自分と向き合う時間を作る

私がヨガと出会ったのは、24歳のころ。ダイエットに加え、呼吸や瞑想でメンタルも整うことを実感してヨガ教室に通い出し、ついにはハワイ留学を経て資格も取得しました。ヨガで瞑想していると、自分自身と向き合うことができてリラックスできます。「舟のポーズ」は腹斜筋や腹横筋といった、インナーマッスルの引き締めに効果的。腹筋のトレーニングが苦手な私に嬉しいポーズ♪

しっとりフワフワ。植物性たんぱく質もたっぷり

豆腐ハンバーグ きのこソースがけ

脂質を控えたいときは、私は鶏むね肉を買って、皮を取り除いてフードプロセッサーでミンチにしています。意外に簡単ですよ。かなりたっぷりの量ができるレシピなので、運動量によって増減してください。（里見）

+

ごはん 150g

たんぱく質量

36.9g

材料（1人前）

- 豆腐（絹）…1/2丁（150g）
- 鶏むねひき肉…100g
- パン粉…1/2カップ
- 卵…1個
- 長ねぎ…3cm
- 大根おろし…大さじ2
- きのこソース（市販）…適宜
- 付け合わせ野菜…ラディッシュ1個、ししとう3本、白髪ねぎ
- オリーブオイル…小さじ1
- 塩・こしょう…各少々

作り方

1. 豆腐はキッチンペーパーに包み、電子レンジで2～3分加熱して、水気を切る。長ねぎはみじん切りにする。
2. ボウルに豆腐、鶏ひき肉、パン粉、卵、長ねぎ、塩、こしょうを入れて手で豆腐をつぶしながらよく混ぜ合わせる。
3. 手にオリーブオイル（分量外）を塗って、❷を2等分にする。円形にして真ん中を凹ませる。
4. フライパンにオリーブオイルを熱し、❸を中火で焼き、ふたをして焼き色がついたら裏返し、再びふたをして約5分焼く。ハンバーグを焼いているフライパンの空きスペースでししとうも焼く。
5. ❹の豆腐ハンバーグを皿に盛り、温めたきのこソースをかけ、大根おろしを添える。お好みで白髪ねぎを散らし、ラディッシュ、ししとうを添える。

ごはん

朝は白湯がマスト！
体がシャキッと目覚めます

朝起きたらまず、キッチンで白湯を飲みます。体も目覚めるし、デトックス効果も。その後ヨガの「太陽礼拝」をするのが定番コース。仕事柄エネルギーが必要なので、朝食はしっかり食べます。今日は納豆とごはんとかきたま汁、鯖の塩焼き、肉じゃが、卵焼き、鶏むね肉とレタスのサラダ。卵焼きもよく食べる料理で、お弁当を作るときは入れることもあります。

ジムトレ

もうムリ！ となってからの
「あと1回」で筋肉がつく

筋肉のことを勉強したくなり、パーソナルトレーニングをスタート。トレーニングで自分の体を追い込むのは辛いけど、達成感は最高！　中途半端なところでやめてしまっていたら、今の体型も作れなかったと思うと、トレーナーと一緒に頑張ってよかったと思います。ダンベルを使った腹斜筋を鍛えるトレーニングできれいな筋が入ったお腹を目指して、追い込み頑張ります！

家トレ

「片足上げの犬のポーズ」は
スマホ疲れにも効く！

今日はヨガの撮影のお仕事。「ダウンドッグ」のポーズから片足を上げていく「片足上げの犬のポーズ」は、頭と首の緊張をほぐしてくれる、現代人にはマストなポーズ。体全体の血行もよくなり、つま先までポカポカ♪ ヒップアップにも効果がありますが、ヨガは時間をかけて体が変わっていくものだから、素早く体を引き締めたい！ という場合はトレーニングの方が近道だと思います。

おやつ

おやつは必須！ お気に入りは「YES TOKYO」のコールドプレスジュース

「YES TOKYO」で販売しているコールドプレスジュースがお気に入り。専門のジュースカウンセラーが自分だけのジュースを作ってくれるんです。色によって効果が違うので、その日の体調に合わせて飲むようにしています。普段小腹がすいたときやトレーニング前後によく食べるのは、手軽に食べられるバナナ。腹持ちがよくて、大豆たんぱく質も摂れる「SOYJOY」も好きです。

メンタル

億劫な日でもとりあえず外に出る。これが筋トレが続く秘訣

健康美を追求する大会「ベストボディ・ジャパン」、ガールズクラスで3位を獲得！ ほかの出場者からもたくさん刺激をもらえたし、トレーニングを始めたことでもっと正しい知識を得たいと思えるようになりました。トレーニングは、結局ジムに行ってしまえばやるしかない(笑)。外に出る楽しみも増えるから、通うのが億劫だと思った日でも、頑張って外に出てみることが続くコツです。

お休み

昔はくびれの位置が左右ズレてた。だんだん整ってきました

もともと骨盤のバランスが崩れていて、左右のくびれの位置が違っていた私。お腹や背中の筋肉が少なすぎて体が前や後ろに倒れて姿勢が悪くなり、骨盤が歪んでしまっていたようです。密かに気にしていたので、トレーニングで左右のバランスが整ってきたのが本当に嬉しい。私の理想、全体がバランスよく引き締まっている体に近づいたかな。筋トレがお休みの日もヨガは日課。

プルプル牛もつでお肌もキレイに

もりもり野菜の博多鍋

コラーゲンたっぷりのもつは、アミノ酸やビタミンCを含む野菜と一緒に食べることで体に吸収されやすくなります。野菜がクタクタになったら食べごろです！（里見）

たんぱく質量

48.6g

材料（1人前）

牛もつ
（下処理して下ゆでしたもの）…100g
キャベツ…1/6個（250g）
にら…2〜3本
もやし…2/3袋（150g）
豆腐（絹）…1丁（300g）
にんじん…3㎝
ガーリックチップ…少々
白ごま…少々
とうがらし…1/2本

[スープ]水…600㎖、和風だしの素…小さじ1、鶏がらスープの素…小さじ1/2、薄口しょうゆ…大さじ1と2/3、みりん…小さじ2、砂糖…小さじ1、にんにく（すりおろし）…小さじ1/2、しょうが（すりおろし）…小さじ1/2

作り方

1. キャベツはざく切り、にらは3㎝幅に切る。にんじんはせん切りにする。豆腐は一口大に切る。とうがらしは小口切りにする。
2. 鍋にスープの材料と、もつを入れ、火にかける。沸騰してきたら、一旦もつを取り出し、キャベツ、もやし、にんじん、豆腐を入れ、その上にもつを戻し、にらを帯状に並べ入れる。ガーリックチップと白ごま、とうがらしを散らす。
3. 再び強火にかけ沸騰してきたらアクを取り、キャベツがしんなりするまで煮る。

ごはん

玄米が大好き。がっつりお肉だってOK！

今日のランチはガツンと唐揚げ！ 生野菜など食物繊維が多くGI値が低いものも一緒にバランスよく食べれば、カロリーはあまり気にしなくてよいと思います。ごはんを玄米にすることで、糖質をやや抑えめにしています。

家トレ

モロッコ風の絵柄がかわいいウェアでやる気アップ

ヨガウェアブランド「styleboatmarket」さんとのコラボウェアは、モロッコ風をイメージしたレギンスのプリントがとってもキュート！「片脚の鳩の王様」のポーズは少し難しいですが、肩の柔軟性を高めてくれる嬉しい効果があります。

ごはん

たんぱく質豊富な卵はお弁当にマスト

昼食は外食が多いですが、時間があるときはお弁当を。ごはんの上に炒り卵、そぼろ、サケをのせた三色たんぱく質弁当と、ミートボール、ポテトサラダ、もやしの炒め物。アミノ酸スコアも高く、バランスのよい卵は欠かせません。

ジムトレ

気の抜けない！ プランク・ボールで体幹を鍛える

バランスボールの上でプランクを限界までキープ。インナーマッスルが鍛えられるので、体のバランスや姿勢を整えるトレーニングです。横揺れが怖いけれど、腹筋にしっかり力を入れて支えるので、より一層お腹が鍛えられます。

ごはん

食べすぎた翌日、サラダチキンがたんぱく質の味方

食べすぎた翌日は、野菜中心の食事。でもたんぱく質は減らしすぎないように、豆腐1丁に納豆をのせて小口ねぎを散らしたものと、もやし炒め。市販のサラダチキンを割いてかいわれ大根とレタス、プチトマトで作ったサラダです。

家トレ

旅先でも、ヨガを。鼓動の音で心が落ち着く♪

「ウッターナアーサナ」のポーズは、やる気が出ないときや気分が晴れないときにおすすめ。リンパの流れをよくして、女性ホルモンを安定させてくれる効果があります。心臓の鼓動が聞こえるので、心が落ち着きます。

Satomi Akane

ごはん

野菜の摂取量は1日単位で考える

野菜は、無理に大量に摂ろうとせず、1日の中で必要な量が摂れれば十分。朝、昼、夜に分けて食べるようにしています。今日のランチは、チーズハンバーグと目玉焼き、アボカド、レタス、ヤングコーンとにんじんのピクルスです。

ジムトレ

お尻と肩周りに効くバックランジトレーニング

ストレッチポールを持って「バックランジ」。上に持ってお腹をひねりながら、脚を交互に後ろに持っていくトレーニングです。お尻と肩周りの引き締めに効果アリ！　笑顔ですが、実はバランスを保つのにかなり必死です（笑）。

ごはん

豆乳を入れて たんぱく質を摂取！

朝はグラノーラを食べることも多いです。フルーツでビタミンをたっぷり、さらに豆乳を入れることで植物性のたんぱく質もしっかり摂れます。糖質がほどよく摂れるから、トレーニング前に食べても◎なメニューです。

ごはん

ランチの炭水化物は パンもOK！

昼間は外に出ているので、昼食は外食が多め。筋トレ好きな人には珍しいかもしれませんが、私はパンも食べています。ただ、量は少なめに。今日のランチはラタトゥイユとハム、キッシュとグレープフルーツジュースとサラダです。

お休み

背中美人って褒められます。 トレーニングで巻き肩が改善！

以前は巻き肩で、猫背になりがちでした。ヨガではなかなか改善しなかったけれど、「ラットプルダウン」などで背中を鍛えたことで胸の前側をしっかり張れるように。姿勢が改善されたことで、以前より頭痛や腰痛も減りました！

ジムトレ

トレーニング後も ヨガで疲れを取ります

筋トレ後にストレッチしない人がいますが、すると疲れの取れ具合が全然違います。夜寝る前も「座位のねじり」や「牛面のポーズ」、「うさぎのポーズ」などの軽いヨガをして、体全身の血液のめぐりをよくすると、スムーズに入眠♡

家トレ by 里見 茜さん

Training

むくみ改善＆お尻のラインをキレイに

キャットスプリット筋トレver.

1

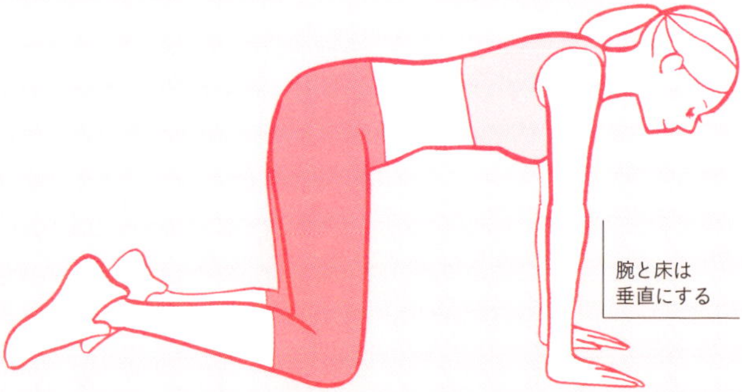

「ヨガのキャットスプリットにひねりを加えた筋トレバージョン。中臀筋と大臀筋に効きます。むくみ改善にも！」。四つん這いになる。腕は肩幅、脚は軽く開く。腕も脚も床と垂直になるようにし、肩からお尻にかけて体が沈まないように意識する。

深く呼吸をしながら片脚を後ろにまっすぐ伸ばす。つま先から頭まで一直線のイメージで、背中を反らさずにお腹に力を入れて骨盤が床に水平になるイメージをしつつ、つま先を体の外側に向ける。3秒ほどキープして、*1*の体制に戻る。逆足も同様に行なう。片足ずつ3回×5〜10呼吸キープ。

2

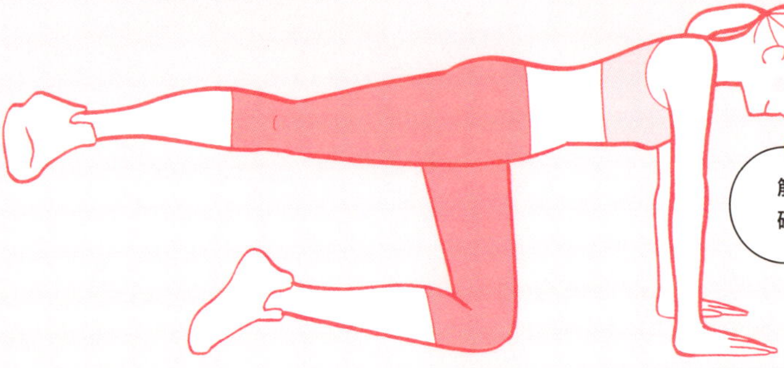

POINT

筋肉に刺激を感じるか
確認しながら行なう

Satomi Akane

Training

ほっそり太ももを作る

バンドを使ったアブダクション

1

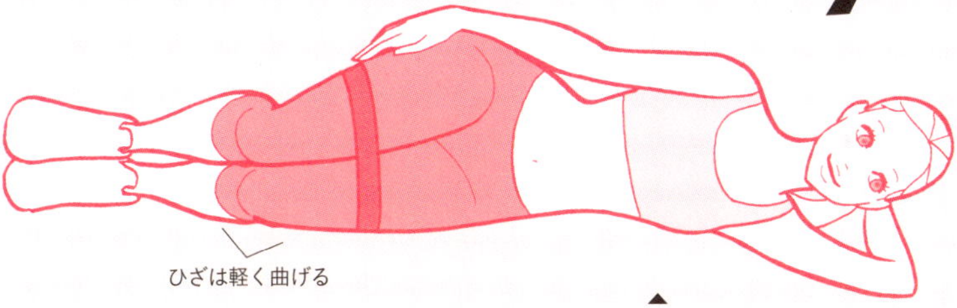

「筋トレ用のゴムバンドは、1本持っていると色んな負荷をかけやすくなるので家トレの幅が広がります。ホームセンターなどでも購入できます」。ゴムバンドを両脚の太ももの中ほどに巻き、横になる。片腕で頭を支え、もう一方の腕は伸ばす。ひざは軽く曲げる。

上の太ももをゆっくり開く。外ももの外側広筋に効いているか確認し、ゆっくり足を閉じる。逆足も同様に。片足ずつ3回×30セット。

POINT

下側の太ももが上に
つられないように注意

2

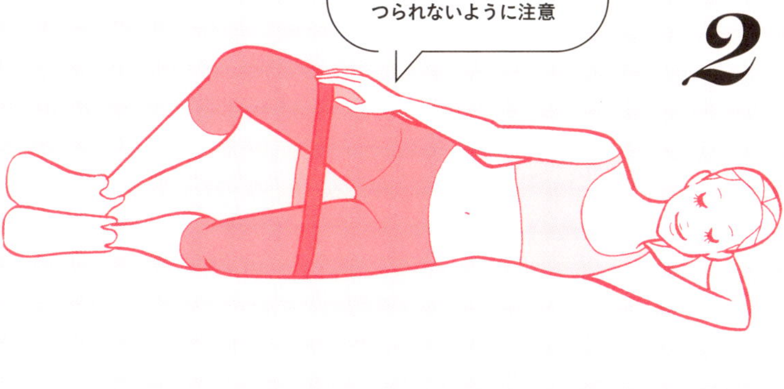

ra Naho

神原奈保さん

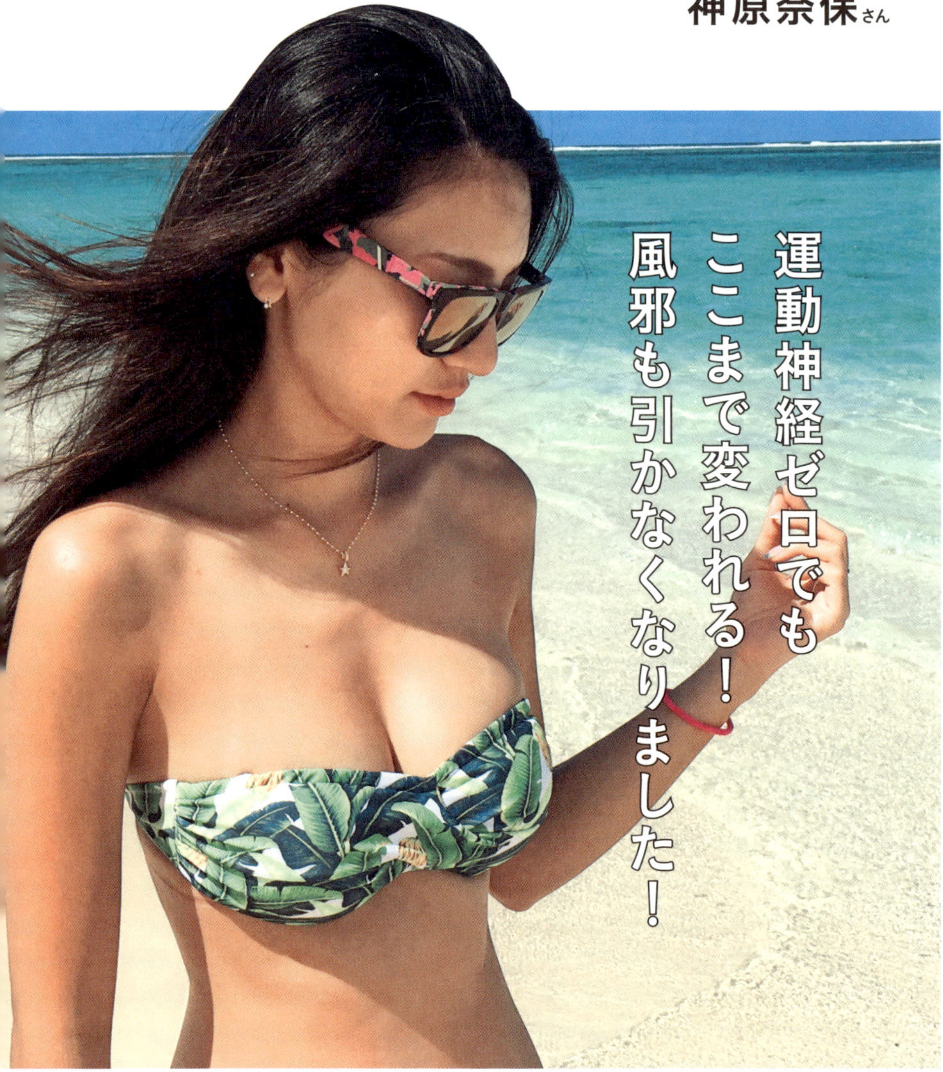

運動神経ゼロでもここまで変われる！風邪も引かなくなりました！

Profile　@naho.0422

1989年、東京都生まれ。栄養士。フリーモデル。輸入代理店「KAPUA」代表。ベストボディ・ジャパン2015日本大会グランプリ。ベストボディ・モデル2015TOKYOレディースクラスグランプリ。

#05 Kamiha

興味本位で訪れた
クロスフィットジムで
トレーニングに目覚める

栄養士である神原奈保さんは、トレーニングを始めるまで運動経験はほとんどなかったそうです。

「私はスポーツをしたことがなくて、体力もあまりなく、よく風邪を引いていました。さすがに体作りを始めようと思って、週1でジムに通い出したんです。でも当時は軽いウォーキング程度の運動でした」

その後、六本木にあるクロスフィットのジムにも通い始めます。

「なんとなく行ってみたらすごくおしゃれで通ってみたいなって(笑)。通い始めてからはかなり体は変わりましたね。それまで全然汗をかかない体質でしたが、汗が出るようになって驚きました。それから、もっと女性らしい体を作りたいと思うようになって試行錯誤していました」

ボディラインを作るため、体脂肪ではなく、筋肉をもっとつけたいと思ったそう。食べるものの成分をチェックしたり、食生活を改善したと言います。

「食材の成分表をチェックして、市販のドレッシングを使うくらいなら、アマニオイルなどのオメガ3の油や、フレッシュなオリーブオイルなど、よい油を使おうとか。炭水化物、たんぱく質もちゃんと食べるようになりました。トレーニングを始める前も、規則正しく、手作りの料理を普通に食べてたんですけど、全然女性らしいボディラインになれなくて。でも今思うと、野菜でお腹をいっぱいにしていたので、たんぱく質や炭水化物が圧倒的に足りていなかったんだと思います」

食事のバランスは1食ではなく、1週間単位で考えるそう。

「例えば、前日の夜に食べすぎたら、今日は自炊してカロリーを抑えようとか。逆に今週はこの栄養が足りていないから、ここで摂取するという考え方です」

同様に、トレーニングも1週間のバランスで考えていると言います。

「平日に運動不足だと思ったら休日の空いている日にジムに行ったり、食べすぎた日があったらその次の日に有酸素運動を取り入れたり。食べ物は1日で体に吸収されることはないと思うので、食べすぎたりしてもどこかで補えればいいと思っています」

BODY&TRAINING DATA

・身長	170㎝
・体重	54kg
・体脂肪率	18%
・トレーニング (1回：約1時間)	週3回

基本はパーソナルジムで、お尻などのパーツと、全体の体幹トレーニングの日と分けています。脂肪を燃焼したいときはダッシュしたりと有酸素運動も。家では家事をしながら足を上げ下げするなど、“ながら”トレーニングが中心です。

ジムトレ

前日にスケジュールを見て行けそうな時間にトレーニング

ジムに行く頻度は週に2〜3回、ジムトレーニングを頻繁に、クロスフィットは行けそうな時間があったら行くようにしています。何日も前からトレーニングをしようと思っているとストレスになるので、前日に次の日のスケジュールを見てこの時間に行こう、とか。トレーニングの時間を捻出したいので、以前に比べ行きたくない誘いはバッサリ断れるようになりました（笑）。

ごはん

オートミールで疲れた胃腸を整える

食べすぎた日の翌日はヨーグルトをのせたオートミールをよく食べています。煮るのはめんどうなので、牛乳を入れてそのままチンしたりしています。減量したいときは水に置き換えてもOK。意外とおいしく食べられます。オートミールは食物繊維がたっぷりだから、腸内フローラを整えて免疫力アップ、美肌、太りにくい体質も目指せます。ぶどうを添えてビタミンもプラス♪

メンタル

今の目標は「現状維持」自分の体を大切にしたい

体型は、これ以上太ることもやせることもなく、現状維持していきたい。細くなりたいからって減量をしすぎると生理が止まったりすることもあるし、筋肉が大きくなったとしても健康体でなければ意味がないんです。だから今は、体脂肪とかそこまで気にせず、お尻が大きくてくびれもちゃんとある今の自分の体を大切にしていきたいと思っています。

食物繊維たっぷり！ 便秘も解消する朝ごはん

デトックス
オートミール粥

オートミールは朝食の定番メニュー。朝から食物繊維をたっぷり摂ることで、1日ずーっと快調です！ 特にハードに運動する日は100g食べる日もあります。（神原）

Kamihara Niho

たんぱく質量

36.9g

材料（1人前）

オートミール…80g
無脂肪牛乳…200mℓ
りんご…1/8個
ミックスナッツ…大さじ1
はちみつ…小さじ2
無脂肪ヨーグルト…適宜

作り方

1. りんごを一口大に切る。ボウルにオートミール、温めた無脂肪牛乳を入れよく混ぜる。
2. ❶のボウルにりんご、ミックスナッツを散らし、はちみつをかける。お好みで無脂肪ヨーグルトをかけていただく。

※オートミールはメーカーによって、戻すだけで食べられるもの、加熱しないと食べられないものなどがあります。戻し方は商品の箱に書いてある方法に従ってください。

ジムトレ

HIITトレーニングで時短に脂肪燃焼！

食べすぎた週や、トレーニングに時間があまり取れない日は、「HIITエアロバイク」を30分間くらいこいでいます。HIITは高強度インターバルトレーニングのひとつで、短い時間の間で強度の高いトレーニングと軽い運動や休憩を繰り返していくというもの。下半身には太い血管が集中しているので、下半身トレーニングをすると効率よく体の代謝がアップするそうです。

ごはん

食事は1日に3〜4回。空腹の時間は極力なくす

基本的に自炊が多いですが、ランチは打ち合わせを兼ねて外食ということもあります。最近は相手が気を使って、チキンがメインのサラダバーなどを指定してくれることが多いです（笑）。1日の食事は3〜4回。あまりお腹がすいた状況を作りたくないので、昼食と夕食の間にお腹がすいたときは、サラダチキンかバナナを食べて、たんぱく質や糖質を摂るようにしています。

メンタル

明日の体を考えることで行きたくない誘いを断れるようになった

トレーニングを始めたことで、自分自身の体を大事にしてあげようという感情を持つようになりました。以前は体調が悪くても飲み会に誘われたら付き合いだからと行っていましたが、トレーニングするようになってからは誘いを断れるようになりました。自分のことを優先できるようになったので、言いづらいこともキッパリ言えるようになって、人間関係にも好影響が出ています。

ジムトレ

最近増えている24時間ジムなら夜中でもトレーニングできる

ジムに行く時間は日によってバラバラですが、家の近くに24時間やっているジムがあるので行く気になればいつでも行けます。夜中の2時にジムに行くことも……（笑）。人と会うのは昼間じゃないと無理ですが、逆に夜は誰にも会わない自分だけの時間。自分と向き合う時間は夜作るようにしています。今日は30kgのウェイトトレーニングでお尻を鍛えます！

ごはん

1食で栄養たっぷりの野菜スープ！油の種類にもこだわりアリ

食べすぎたり、栄養が足りない日は色んな野菜を刻んで煮込んでスープにしています。1食で栄養が摂れるようイモ類も入れて。サツマイモは糖質は程よく摂りながらもイモの中でもGI値が低いので、よく食べています。筋トレ女子にはサツマイモ好きな人、多いですよ。油の種類はできるだけフレッシュな油を使うように意識しています。

家トレ

いつでもどこでも体を動かす時間は作れる

ジムに行かない日もできるだけ体を動かすようにしています。家ではDVDを見ながらトレーニングすることもありますが、ごはんを作りながら自重でスクワットをしたり、立ったまま後ろ足を上げるトレーニングをしたりと、1時間がっつり家トレというよりも、合間にトレーニングを取り入れているという感じですね。朝、時間があるときは近所にあるヨガ教室に行くこともあります。

もりもり野菜で食べすぎた翌日にも◎

1食で栄養が摂れるスープ

食べすぎた日の翌日に食べる野菜たっぷりスープ。私はごはんはつけませんが、ここにもち麦を入れるとより食べ応えアップ。栄養バランスもよくなります。（神原）

たんぱく質量

48.6g

材料（1人前）

- 鶏むね肉…200g
- セロリ…5cm
- 玉ねぎ…1/8個
- サツマイモ…2cm
- レッドキドニービーンズ（ゆでたもの）…大さじ2
- トマト缶…100mℓ
- にんにく（すりおろし）、しょうが（すりおろし）…各少々
- オリーブオイル…小さじ1
- 塩、こしょう…各少々

作り方

1. 鶏肉、セロリ、サツマイモは1cm角に切る。玉ねぎはみじん切りに。
2. 鍋にオリーブオイルを熱し、にんにく、しょうがを入れ、香りが出てきたら、玉ねぎを炒める。玉ねぎが透明になってきたら❶の残りの野菜を加えて炒める。
3. 野菜に火が通ってきたら、トマト缶、水150mℓを入れて強火にかける。沸騰したらアクを取り、中火にしてレッドキドニービーンズ、鶏肉を加えて、野菜が柔らかくなるまで煮る。塩、こしょうで味を調える。

ごはん

脂肪の少ない
ヘルシーな肉をチョイス

家でも外食でも、お肉はしっかり食べています。よく食べるのは赤身肉。友達と焼肉に行ってもひとりだけ赤身ばかり食べています(笑)。今日の夕食はすき焼き風鍋。脂肪が少ない牛の肩ロース肉を使っています。

お休み

趣味のゴルフで
くびれメイク!?

今いちばんハマっているのはゴルフ！　週2～3日はレッスンに行っています。コースに行く日はカートに乗らず、全部歩くようにしています。ゴルフをやるとくびれができるというけど、そんなに効いていないような……(笑)。

メンタル

トレーニングは集中したいから
ひとりでやりたい派です

トレーニング中は色々考えることが多いから、普段からひとりで黙々とこなしています。今まで運動してこなかったから正直楽しくはないけれど、体が変わる過程や達成感を味わいながら、自分のペースで一生続けていこうと思います。

ごはん

寿司ネタをたくさん食べて
たんぱく質を補給

お寿司を食べに行くときは、シャリを少なめで握ってもらいます。たくさん食べた後、刺身を追加でいただくことも(笑)。外食でも積極的にたんぱく質を摂るようにしています。周りの人が理解してくださっているのでありがたい！

家トレ by 神原奈保さん

Training

上腕三頭筋を鍛えて二の腕ほっそり

リバースプッシュアップ

「二の腕のたぷたぷが気になるなら、普通のプッシュアップと逆の自重を利用した『裏プッシュアップ』での上腕三頭筋の筋トレが効果的」。椅子の前に体育座りをし、前を向いたまま腕を後ろに引いて椅子の手前の角に両手を置く。この際、脇を締めて腕は肩幅程度に開く。腕で体を支えながら、体を持ち上げる。

1

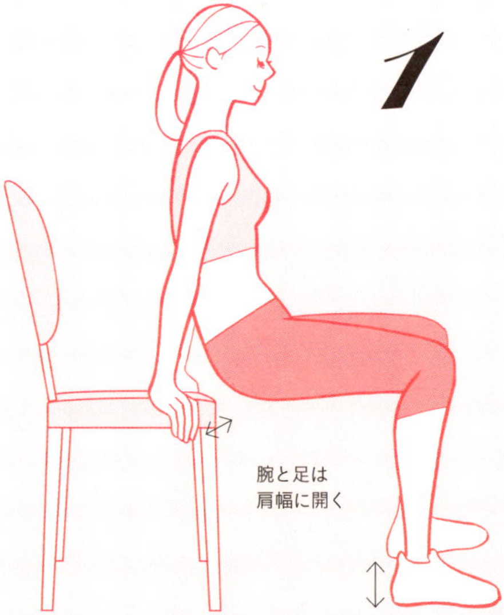

POINT

お尻を落とすとき、
脇が開かないように注意

2

息を吸いながらひじを90度に曲げる意識で、お尻をゆっくり真下に落としていく。息を吐きながら最初の姿勢にゆっくり戻す。10〜15回×3セット。

Training

家事をしながらヒップアップ

リアレッグレイズ

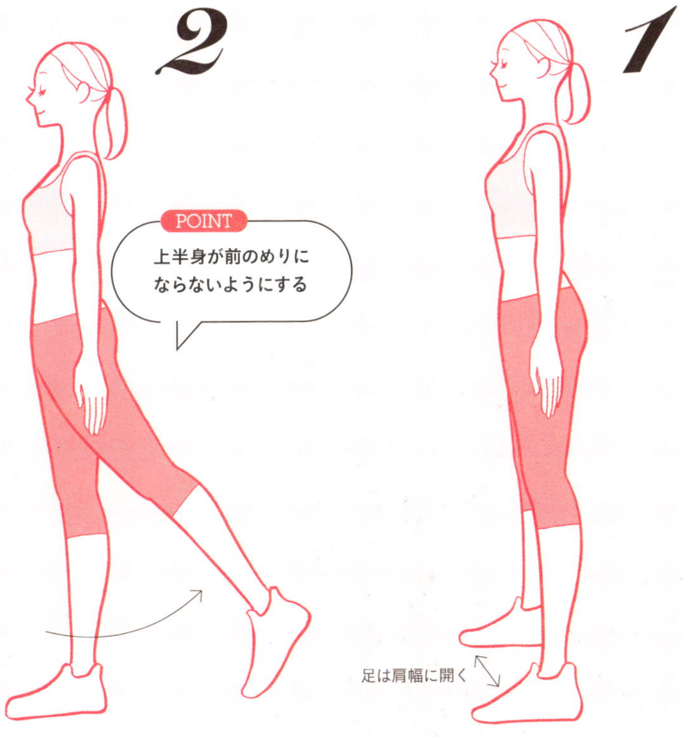
2
1
POINT
上半身が前のめりにならないようにする
足は肩幅に開く

「私は料理やお皿洗いなどの家事をしながら行なっています。太ももの付け根と大臀筋に効かせるイメージで最初は丁寧に行なって。慣れると自然に体が動くようになります」。両足を肩幅に開く。

ひざを曲げずに片足をまっすぐ後ろに伸ばす。つま先は床から離す。このとき、お尻が上がっているか意識して1〜3秒キープ。片足ずつ10〜15回×3セット。

Maiko

田上舞子さん

お酒が大好きで運動経験ゼロ。最初は自己投資で始めた筋トレにハマってしまいました

Profile　@mai_tano

1988年、福岡県生まれ。パーソナルトレーナー。2015年までOLをしていたが、肉体改造に目覚め、パーソナルトレーナーの資格を取得。2017年にJBBF関東オープン 3位、同年JBBF全日本大会 6位入賞。

#06 Tanoue

有酸素運動のみではメリハリなくやせていくだけでした

田上舞子さんが筋トレと出会ったのは、企業で受付嬢として働いていたころ。

「当時は1日中ほとんど動くことがありませんでした。お酒も大好きで。でも、お酒ってカロリーが結構あるじゃないですか。だからカロリーを気にして、おつまみなしでお酒を飲んだり。それでも次第に太ってきて。受付嬢なのに、だらしないボディライン。さすがにヤバいと思ってパーソナルジムに通い始めたのがきっかけです」

それまで特に運動経験もなく、筋トレに興味があったわけでもなかったそう。

「何回もジムに通っては続かなくてやめる……という感じでした。だから本気で続けるための自己投資として、思いきって『パーソナルトレーニング』を選んだんです」

加圧トレーニングと有酸素運動を組み合わせ、体を絞ります。その後パーソナルをやめ、習ったことをベースに筋トレを始めました。

「最初は1㎞も走れないくらいへなちょこで。でも、犬の散歩もかねて毎日走っていたらだんだん走れるようになってきて、トレーニングが楽しくなっていきました。2ヶ月後には7㎞くらいは走れるようになれたんです。でも、走ることで体重は落ちたのですが、やせていくだけで、思っていたようなメリハリボディには近づかなくて。そういう体になるには、走るだけではダメだって気づいたんです」

筋トレをすると、ムキムキになりそうなイメージを持っていたそうですが、実は筋肉こそ女性らしいボディラインに必要だと気がついた田上さん。その後、有酸素中心のトレーニングから基本の筋トレにシフト。食生活も変えていきます。

「最初はお酒もジャンクフードも普通に食べていました。食生活を変えずに体が変われればいちばんよいと思ってたんです(笑)。でもそんなときに、試しにたんぱく質量を意識した食事に切り替えてみたら、ボディラインがどんどん変わってきて。筋トレだけではもったいないって、そこで初めて気がつきました」

たんぱく質量とともに意識しているのが、塩分量なんだそう。

「多少の塩分はトレーニングに必要ですが、過度な味付けは体に余計な負担がかかるので、基本的に薄味を心がけています。野菜は苦手ですが、少しでも食べるよう努力しています」

BODY&TRAINING DATA

・身長	163㎝
・体重	55㎏
・体脂肪率	18%
・トレーニング（1回：約1時間）	週5回

仕事柄、トレーニングは週5日。レッスンの空き時間や朝イチで行なったりと時間はバラバラです。筋トレは基本ジムで。背中、脚、肩を日に分けて鍛えています。有酸素はインターバルトレーニングを45分〜1時間ほど行ないます。

ジムトレ

筋肉を慣らさないよう バリエーションを変えてトレーニング

普段のトレーニングは、ダンベルを使ったりバーベルを担いだりと、基本的なもの。同じトレーニングばかりやっていると筋肉が慣れてしまうので、同じマシンや道具でもバリエーションを入れつつ、効率的に行なっています。これは「ワンハンドローイング」といって、広背筋、三角筋、僧帽筋が鍛えられるトレーニング。16～20kgのダンベルを持って10～15回×3セット行なっています。

ごはん

市販のものは避け 手作りで塩分をカット

OLとして働いていたときはコンビニでごはんを買うことも多かったけれど、減量をきっかけに自分でお弁当を作るようになりました。市販のものは塩分が多くて味も濃いので、自分で作るときは薄味を心がけています。だいたいお肉を150gくらい摂れるように調整して、野菜を100gくらい、あとは卵を入れています。摂取する食材をグラムで考えて、そこから味付けを調整しています。

ジムトレ

割れた腹筋を目指すなら 体脂肪15％以下に

これは、フィットネスビキニの大会前で、かなり体重を絞ったときの様子。腹筋はやっぱり割れていた方がかっこいいと思うけれど、キレイなシックスパックは体脂肪15％を切らないと出てきません。今はストイックすぎず、好きなものを食べているので体脂肪は18％くらい。これくらいがベストな数値。体に曲線があり、お尻に厚みがある体型が、私が思う究極の女性らしい体です。

ビタミン・ミネラルたっぷりの美人を作る肉

ラム肉のステーキ 目玉焼き添え

脂肪燃焼効果が高まるカルチニンが豊富なラム肉は、体を絞りたいときにも心強い食材。体を温めてくれる効果もあるんです。目玉焼きをのせてボリューミーに。（田上）

Tanoue Maiko

＋

たんぱく質量

37.4g

材料（1人前）

- ラム肉（ロース）…150g
- 卵…1個
- オリーブオイル…小さじ2
- 塩、こしょう…各少々
- 付け合わせ野菜…芽キャベツ1個、パプリカ1/4個

作り方

1. ラム肉は塩、こしょうをしておく。フライパンにオリーブオイル小さじ1を入れて熱して目玉焼きを作り、塩、こしょうをする。焼けたら取り出しておく。
2. フライパンにオリーブオイル小さじ1を熱し、ラム肉を焼く。フライパンの空いたスペースで添える野菜を焼く。
3. 器にラム肉、目玉焼きをのせて焼いた野菜を添える。

家トレ

「肩甲骨はがし体操」で肩周りの筋肉の可動域をアップ

ジムで教えていると、肩甲骨周りの筋肉がガチガチに固まっている人がとても多い！　やせにくくなったり、筋トレのパフォーマンスが下がることも。オススメは「肩甲骨はがし体操」。やり方は、①肩に手を置いてひじで円を描くように回す。②手をまっすぐに上に伸ばした後、手のひらを外に向けてひじを引く。この動きを10回×2～3セットやるだけで筋肉の可動域が全然違います。

ごはん

朝にお肉を150g体に入れて日中のトレーニングの栄養に

朝食からお肉を150gほど食べています。野菜はゆでて、お肉は基本的に塩・こしょうで焼いて食べるというシンプルな調理法です。目玉焼きを焼くときはフッ素樹脂加工のフライパンを使って油をカット。それに玄米100gほどと、たまに納豆もつけます。仕事柄週5日でトレーニングしているので、朝からしっかりたんぱく質を摂るようにしています。

ジムトレ

日替わりで部位ごとに限界までトレーニング

自分のトレーニングは仕事と仕事の間の空き時間などに。ジムでは部位ごとにトレーニングをしていて、この日は背中、この日は肩など。違う部位をやっているので筋肉痛のまま同じ部位を鍛えるということはありません。これは「Vクランチ」といって、腹部全体に効果的なトレーニング。脚が上がらなくなるまで、2～3セット行ないます。床で行なってもOK。

ジムトレ

ラットプルダウンは前後で効果が違います

「ラットプルダウン」で逆三角形の背中を作る！ 35～50kgを10～15回×3セット。顔の前にバーを引っ張る「フロントネック」と、後ろに引っ張る「ビハインドネック」という方法があります。両方、背中が鍛えられますが、前は広背筋、大円筋、後ろは僧帽筋の中部と下部にと、効く部位が異なります。同じマシンでも様々なやり方があるから、知れば知るほど面白いです♪

ごはん

食べすぎた翌日は有酸素運動で調整

外食時はお肉を食べることが多いです。今日の夕食はたっぷり鶏のたたき。外食ではストイックになりすぎても楽しめないので、夜に外食したら翌朝は玄米を抜いたり、お肉の量を減らしたりと、調整するようにしています。ただ、胃がめちゃくちゃ強いのでどれだけ食べても次の日絶対お腹がすく（笑）。だから、食事は減らしすぎず、翌日に有酸素運動を入れたりなどで調整しています。

ジムトレ

忙しい毎日、短時間でどれだけ効率よくできるか、意識

トレーニングは、効率よく行なうことが信条。フォームを整えて、効かせたい部位に効いているか意識する。それだけで違ってきます。あとはチューブトレーニングは最初にするより、ウェイトで追い込んだ後にダメ押しでやること。順番を意識するだけで筋トレ効率がアップ。今日は「トライセプスキックバック」を5kgで15回×30セットやって上腕三頭筋をトレーニング。

揚げずにフワフワ、食べ応えあり！

鶏むね肉のナゲット風

鶏むね肉をたたいて作ると、食べ応えのある食感になります。豆腐を混ぜることで植物性たんぱく質も摂れるメニューです。野菜の王様、ブロッコリーも一緒に。お弁当にもオススメ！（田上）

＋

たんぱく質量

63.2g

材料（1人前）

- 鶏むね肉（皮なし、もしくは鶏むねひき肉）…150g
- 豆腐（木綿）…1丁（300g）
- 卵…1個
- ブロッコリー…3房
- ほうれん草…2本
- 塩、こしょう…各少々
- オリーブオイル…小さじ1
- トマトソース（市販）…適量

作り方

❶ ブロッコリーは一口大に切りゆでる。ほうれん草はゆでた後、食べやすい大きさに切る。豆腐は水気を切っておく。

❷ 鶏肉は包丁で細かく切り、粗いひき肉にする（市販の鶏むねひき肉でも可）。

❸ ボウルに、❷のひき肉、豆腐、卵、塩、こしょうを入れて手でよく混ぜ合わせる。手にオリーブオイル（分量外）をつけて一口大のナゲットの形にする。

❹ フライパンにオリーブオイルを熱し、❸の両面を焼く。

❺ 皿に盛り、ゆで野菜を添えてトマトソースをかける。

ジムトレ

肩甲骨が動けば筋トレの効率もUP！

トレーニングを始める前は肩甲骨周りが固まっていて、自分でも驚くほど（笑）。トレーニング後に必ず「肩甲骨はがし体操」やストレッチをするようになってからは可動域が広がり、筋トレの効率も上がりました。

ごはん

鶏むね肉は自分でミンチに。皮を入れずに脂肪をカット

鶏むね肉はスーパーで買うと、皮ごとミンチにされていることが多いので、自分で鶏むね肉を買って皮を取ってミンチにしています。野菜と一緒にトマトソースで煮込んだり、ドライカレー、ハンバーグにして食べることが多いです。

ごはん

マスト野菜はブロッコリー＆ほうれん草

実は野菜がちょっと苦手ですが、できるだけ食べるようにしています。よく食べる野菜は、ブロッコリーとほうれん草。ビタミンCやB群が豊富で、筋たんぱく質合成にいい仕事をしてくれるということなので食べています。

ジムトレ

有酸素運動で食べすぎをリセット

食べすぎた翌日は有酸素運動を取り入れています。走るとやせると言われていますが、私も毎日続けた結果、体脂肪も落ちたし、見た目もスッキリ！　体型の変化を感じると運動が楽しくて、ハマってしまいます（笑）。

家トレ by 田上舞子さん

Training

効率よく僧帽筋を鍛える

バッグでワンハンドローイング

1

「肩甲骨周りが固まっていると筋トレの効果が半減します。バッグの重みを活かして筋トレしながら肩甲骨をほぐせるトレーニングです」。両足は肩幅より少し開く。椅子の背に片手を置き、上体を倒す。胸を張って背筋を伸ばし、空いている手でバッグをつかむ。

2

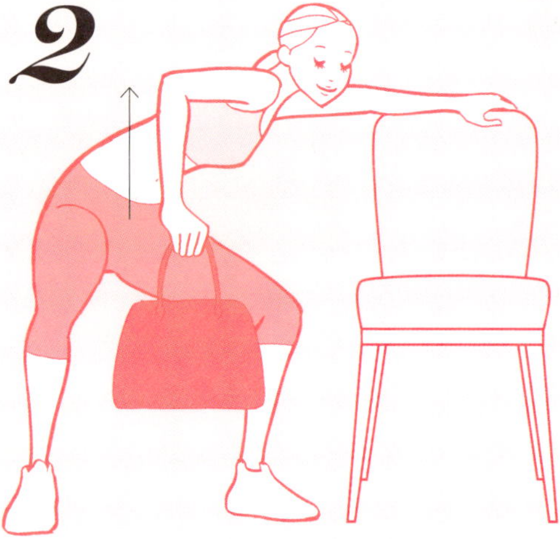

POINT
引くとき脇を
キュッと締める！

肩甲骨を寄せるようにして、ひじを上に向かってゆっくり引いて、その後ゆっくり *1* のポジションに戻す。胴体は動かさないようにお腹に力を入れて固定する。20回×3セット。

肩甲骨を引き寄せて脂肪燃焼＆肩こり解消を狙う！

Training

背筋を鍛えて魅せる背中を作る

上半身バックエクステンション

1

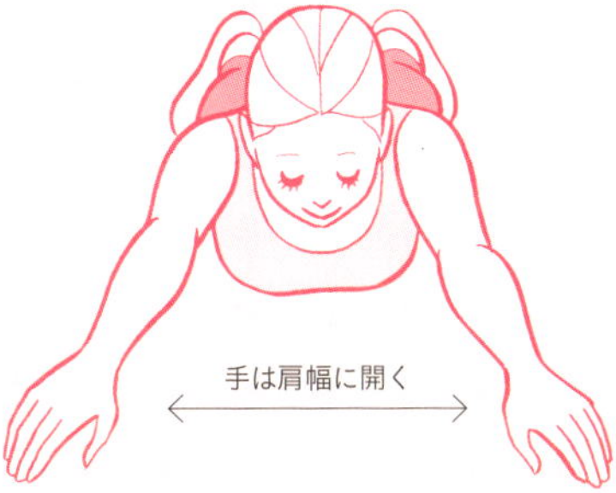

「広背筋、僧帽筋、脊柱起立筋など背面全体をお尻まで鍛えることができるトレーニングです」。うつ伏せになり、両手を前に伸ばす。手は肩幅に開く。

脊柱をそらして、上半身を後ろに起こす。腕は開いたまま後ろに引く。背骨、腰骨の順番で骨を床から離すイメージで行なう。上がらないときはテレビ台の下などに足を引っ掛けて行なうと上がりやすくなる。15回×3セット。

POINT
腕は肩甲骨を
寄せるようにして後ろに引く

2

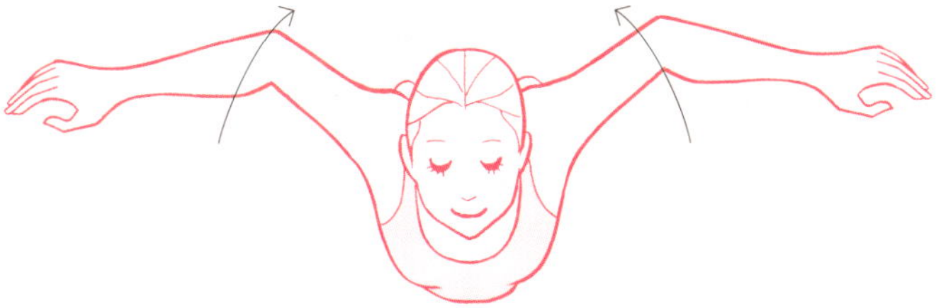

da Mao

角田麻央さん

下腹ぽっこりの幼児体型から筋トレとキックボクシングでカットの効いた体をキープ

Profile @maotsunoda888

1989年、神奈川県生まれ。愛称は「まおちん」。雑誌モデル、webモデル、ショーモデル、ラジオ、TVなどで活動中。サマー・スタイル・アワード2017、ビューティーフィットネスモデル（163cm～）、NPCJアスリートモデル2017ともに1位。

#07 Tsuno

キックボクシングの後の筋トレは効果大！カロリーは気にしません

インスタグラムでもセクシーなボディや水着スタイルを披露する角田麻央さん。

「でも実は、2年前までぽっこりお腹がコンプレックスの幼児体型だったんです。もともと偏食で、食事よりお菓子を優先する生活を続けていたら激太りしちゃって。やせるためにキックボクシングを始めました。でも、ガリガリになるくらい頑張っても下腹は出たままで、当時通い始めたパーソナルジムのトレーナーさんに『幼児体型だよね』って言われましたね……」

飽きやすく、でもハマったら集中して頑張れるタイプの角田さん。それを見抜いたトレーナーから「筋肉美を競う大会に出てみない？」と誘われます。

「最初は、え、私が!? という感じでしたね。まだ筋トレを始めて１ヶ月だったし、『無理じゃない？』みたいな」

すすめられたのは「サマー・スタイル・アワード」という大会。

「めっちゃムキムキというよりは、細いけど健康的なスタイルを目指す人が出る大会だよ、と教えてもらって。だったら私も挑戦できるかも、と思ったんです」

いざ大会に出ることになると、持ち前の負けず嫌い精神に火がつきます。

「ジムでは、脂肪を落とすために有酸素運動をやって、落としきったら筋トレのみ。筋肉の線が入ったメリハリボディを目標に、食生活もジャンクなものは一切食べませんでしたね」

ハードな筋トレはもちろん辛いけれど、頑張った分だけ体が変わっていくことも実感できる。大会に出ることが具体的な目標になることで、「続ける」ためのモチベーションを作ってくれたと言います。

「よく『ジムに行っても続きません』とか、言うじゃないですか。そういう人こそ、トレーニングを始めてすぐに『大会』を目指しちゃうのも、いいんじゃないかなと思います。目標があると、トレーニングが１００倍楽しくなりますから(笑)」

実際、女性向けの筋肉美を競う大会は、今とても人気があり、エントリーも倍増しているそうです。

「今もキックボクシングは続けています。有酸素運動なので、その後トレーニングをするとめっちゃ効きます。でも、ボディメイクは有酸素運動だけでは難しいですね。今は食事も変わり、ジャンクフードは自然と避けています。カロリーはあまり気にしませんが、むくみやすいので脂質と塩分は気をつけています」

BODY&TRAINING DATA

・身長	165cm
・体重	50kg
・体脂肪率	18%
・トレーニング	週3～4回 (1回：約1時間)

普段は、ジムで集中してひとりでガンガン鍛えています。スクワットを3種目やったら、ヒップスラストで締めるのが定番です。食べ過ぎた翌日などは、ボクシングジムに行ってスパークリングしたり、ひたすらフィットネスバイクをこいで有酸素運動をします。

ジムトレ

今は程よいペースで自分の体を追い込んでいます

サマー・スタイル・アワードを目標にしていたころは週7日1〜2時間通ってガンガン鍛えていました。今は週に3〜4日、ジムで1時間だけ集中してトレーニングしています。鍛える部位はお尻と肩が中心。お気に入りはスミスマシンでのバーベル上げ。バーベルが固定されているから怪我も少ないし、落ちてくる心配もないので、もう無理！　となった後も追い込める！

ごはん

お肉を食べてパワーアップ!?重いウェイトも持ち上げられる

夜外食するときは肉が多め。ひれやももなど脂肪は少なめの赤身肉をお願いしています。特に牛肉が好き。筋肉に張りを持たせてくれるクレアチンが豊富に入っているんです！　お肉やごはんを食べた日は体にエネルギーがみなぎってくるような気がします。普段30kgしか上がらないバーベルスクワットが50kgまで持ち上げられるようになったりと、目に見えて効果があります。

ジムトレ

トレーニング中はとにかく集中。辛いなんて考える暇はナシ

「ダンベルベンチプレス」は、胸全体と肩、上腕三頭筋に効くトレーニング。左右の筋力バランスを整えてくれる効果もあります。トレーニングの最中はインターバルはほぼ取りません。だらだらする時間を作りたくないので、とにかく集中！　トレーニングが辛いって思ったことはありませんね。……いや、それはちょっと嘘かもしれません（笑）。

シンプルだから栄養を壊さず食べられる

筋トレ女子的 チョップドサラダ

ささみも卵も2個にすることでとにかくたんぱく質を！　私は更に豆腐1丁加えることもあります。サラダだけでも満腹になるほどボリューミーです。（角田）

＋

たんぱく質量

32.3g

材料（1人前）

- 鶏ささみ…2本
- ゆで卵…2個
- トマト（パプリカに替えてもよい）…1個
- にんじん…1/3本
- ブロッコリー…4房
- 紫玉ねぎ…1/4個
- ノンオイルビネガードレッシング（市販）…適量

作り方

❶ 鍋にお湯を沸かし、塩・酒各小さじ1（分量外）を加えて、ささみを入れる。火をつけて再び沸騰したら火を止め、そのままふたをして7〜8分おいて余熱で火を通す。

❷ すべての野菜と❶のささみ、ゆで卵を1cm角に切る。玉ねぎは水にさらして辛みが抜けたら、水気を切りボウルで彩りよく混ぜる。器に盛り、ドレッシングをかけていただく。

ジムトレ

キックボクシングの有酸素トレーニングで前日の脂肪を撃退

キックボクシングは週1日ペースで行なっています。季節によってはお酒を飲む機会が増えることもあるので、そういうときは行く回数を増やしたりすることもあります。ボクシングジムで自転車だけこいで帰ることもありますね。一見細身だけど、服を脱ぐと筋肉がついているスレンダーな体が理想なので、脂肪を燃焼してくれる有酸素運動は生活に欠かせません。

ごはん

1食で大満足。
ボリューム満点「食事になるサラダ」

野菜が食べたいときは、行きつけのサラダ専門店「クリスプ・サラダワークス」に行きます。ノンオイルのドレッシングがあるので、余計な脂質も避けられます。トッピングもできて、納豆や豆腐、ささみ、アボカド、ゆで卵をダブルでのせたたんぱく質たっぷり仕様。1食でお腹もかなり満たされるので、夕食はこれだけってことも結構ありますね。

ドレスアップ

目標とする体を設定し
毎日鏡を見てモチベーションUP

トレーニングが辛くてくじけそうになる瞬間はみんなあると思います。そんなときにオススメなのが、毎日鏡に向かってポージングしてみること。少しずつ変わっていく自分の姿を見れば、嬉しくなってくるはず。何か目標を設定するのも続けるコツです。私は特に続かないタイプだったので、「大会で入賞する」って周りに宣言して引き返せなくすることで、がむしゃらに頑張れました。

ジムトレ

ストイックな期間以外も代謝は常に上げておきたい

今日はダンベルで腕と肩のトレーニング。ゆっくり上げ下げするだけでも腕が引き締まります。今はガンガン筋トレするモチベーションではないので、自分のペースで筋トレを続けているところです。でも代謝は落としたくないので、朝起きたら半身浴をして汗をたっぷり流すことで代謝をあげて、脂肪の燃焼を促しています。続けると太りにくくなりますよ。

ごはん

アサイーボウルで栄養をチャージ！

行きつけの「ボンダイカフェ」のアサイーボウル。アサイーにはビタミンやミネラル、食物繊維がたくさん入っていて、栄養不足を補ってくれたり美肌効果もあるうえ、バナナに含まれるカリウムでむくみ防止にも。バナナは朝食としてよく食べる食材でもあります。2本食べないとエネルギーが出ないので、家に常備しています。あとは無脂肪牛乳とプロテイン20gが鉄板です。

ジムトレ

怪我防止＆より追い込むためのトレーニングベルト

高重量のバーベルを持ち上げるときに便利な「Harbinger」のトレーニングベルト。お腹に巻くことで腰が安定するので、遠慮なく追い込める！　重いウェイトを持ち上げるときは腰に負担がかかるので、それを軽くできるのも嬉しいポイント。無駄に力むこともなくなるので、怪我予防にも役立ちます。おしゃれなデザインだからテンションも上がる♡

納豆×キムチで乳酸菌も摂れる

レンジで 簡単スンドゥブ風

さっと盛り付けてレンジでチンするだけの簡単レシピ。温めることで豆腐から水分が出て、スンドゥブみたいになるんです。温泉卵は市販のものでOK！（角田）

たんぱく質量

69.9g

材料（1人前）

- 鶏むね肉（ゆでたもの）…150g
- 豆腐…1丁（300g）
- 長ねぎ…1/2本
- にら…2本
- 納豆…1パック
- キムチ…50g
- 温泉卵…1個
- コチュジャン…小さじ1

作り方

1. 鶏むね肉はP.43の方法で、ゆで鶏にする。
2. ゆで鶏はそぎ切りにする。長ねぎは斜めスライス、にらは5cm幅に切る。
3. 耐熱性の丼に豆腐をスプーンですくい入れ、❷の鶏肉、野菜をのせ、納豆、キムチものせ、ふんわりとラップをかけて電子レンジで約6分温める。
4. コチュジャン、温泉卵を添えて、全体をかき混ぜていただく。辛みが足りなければキムチを足しても。

メンタル

「筋トレをやらない方が辛い」その段階まで持っていきたい

トレーニングは辛い瞬間もあるけれど、明確な目標を持つと続けられます。やらなかった方が辛いという段階に持っていけたころには全然違う体になっているはず。辛いけど、楽しい。それがトレーニングです。

ごはん

朝昼はしっかり。夜は白米をガマン

今日はお刺身。イタリアンとか、ここ数年自然と行かなくなったなぁ……。朝と昼はお茶碗1杯分の白米を食べますが、昔からの習慣で、夜は食べません。むくみやすい体質なので、脂質と塩分の摂りすぎに注意しています。

ごはん

筋トレの味方！アボカドの半身焼き

アボカドにオリーブオイルをかけて焼いたメニュー。アボカドはたんぱく質も摂れるし、カリウムも入っているからむくみ防止にも◎で、私にぴったりな食材です。食物繊維もたっぷりなのでお腹もキレイになりそう！

ジムトレ

むくみやすかった体をトレーニングと食事で改善

むくんだ状態で筋トレをすると、体の中に脂肪をため込みやすくなると人から聞いて、より塩分にも気をつけるようになりました。今日はレッグプレスでトレーニング。食事とトレーニングを改善してから、むくみも減ってきました。

家トレ by 角田麻央さん

Training

“上半身のスクワット”で二の腕引き締め！

ベンチディップス

「二の腕の引き締めだけでなく、肩の柔軟性を高めるのにもよいトレーニング。バストアップにも効果アリです」。『リバースプッシュアップ』(P.72)より上級者向け。ベンチに背中を向けた状態で、腕を肩幅より少し広く開いて後ろに両手をつく。両足は前方にまっすぐ伸ばし、かかとと手で体を支える。

1

2

ひじを曲げていき、ゆっくりと体を沈める。脇を締めたまま*1*の位置に戻す。15回×3セット。

POINT

**ひじが床に対して
90度くらいになるまで沈める**

Training

すらっとした美脚を手に入れる

浅いスクワット

1

足は肩幅より
少し開く

「深いスクワットは太ももに強い負荷がかかり、太ももに筋肉がつきます。こちらは負荷が軽いので、美脚が目指せます！」。両足は肩幅より少し開く。500mℓのペットボトルを両手で1本ずつ持ち、胸の前でクロスさせる。つま先は少し外側に向ける。

2

POINT
腰を上げる際、
お腹の力で引き上げる

ひざがつま先より前に出ないようにしながら軽く腰を落として上げる動作を繰り返す。50回×1セット。

ta Yuko

山下祐子（ゆこ）さん

「可愛くおらんねよ」大好きな祖母のひと言がキレイになるきっかけをくれた

Profile　@yukolifetailor

1988年、長崎県生まれ。「FITNESS CAMP B3」パーソナルトレーナー。サマー・スタイル・アワード2017東京大会、日本大会ともに1位。誰にでもずーっと楽しくできることを。日々心も体も健康に♡

#08 Yamashi

心と体の病を経験。健康でいたいから筋トレと食事は欠かせない

丸の内ＯＬから華麗に転身。トレーナーとして活動しつつ、ベンチャー起業でダブルワークをこなしている山下祐子さん（以下ゆこさん）。以前は摂食障害で苦しんでいたそうです。

「もともと完璧主義者というか、結果にこだわりすぎる性格。大学を卒業して営業として就職しましたが、仕事で成果が出ないストレスから摂食障害になってしまいました」

身長は１７０㎝で、当時の体重は55㎏ほど。体脂肪は12％もなかったそうです。

「５年くらい苦しんで、克服したと思ったら次は子宮の病気になって。やっと楽しく生きていけると思った矢先のできごとでした。健康に気をつければよかったと自分を悔やみ、前に進むために食生活を変え、運動を始めたんです」

「自分はたくさん間違ったから、人にちゃんと伝えたい」と、食事は必要な栄養素を計算して管理したそう。

「食材ごとの栄養素をエクセルに入力し、すぐに計算できるよう管理していました。体質によってどんな食べ方が合っているか試してみないとわからないので、Ｐ（たんぱく質）、Ｆ（脂質）、Ｃ（炭水化物）のバランスを意識して色々割合を試した結果、今はＰ：Ｆ：Ｃ＝３：２：５が健康的なバランスに落ち着きました。何をどのくらい食べたらいいか大まかに把握できるようになったので、現在はストイックな栄養計算はしていません」

小・中・高と運動音痴だったゆこさん。初めは動画サイトを見ながら家トレ。次に水泳やウォーキングを始めたそうです。

「当時はあくまで健康維持のための運動でした。でもある日、大好きだった祖母に『可愛くおらんねよ（いなさいね）』と言われて。そのひと言で、女性としてキレイになりたいと強く思ったんです」

その後、自分に合ったパーソナルジムを見つけ、今ではそこで自らもトレーナーとして働くことに。

「教えるときも自分でトレーニングするときも、姿勢や、正しいフォームでできているかには注意しています。筋トレは負荷があるだけに、間違った自己流の動きで怪我でもしたら本末転倒。絶対怪我はしないように注意しています」

トレーニングを続けるコツは〝人と比べないこと〟だそう。

「筋トレは、型を追求して、ちゃんとできていたか振り返る作業の繰り返し。人と比べても意味がないんです。自分を信じて体と向き合い、体の使い方を知ることで、心も体も鍛えられる。それがトレーニングです」

BODY&TRAINING DATA

・身長	170㎝
・体重	58㎏
・体脂肪率	16%
・トレーニング	週3〜5回（1回：約1時間半）

背中と脚の比重を高めに、胸や肩とパーツで分けて週で完結するようにメニューを設定。お尻は脚の日に。「デッドリフト」や「スクワット」などはフリーのラックを扱うことが多く、トレーナーをする合間や、色々なジムでトレーニングします。

ジムトレ

仕事のスケジュールを管理して筋トレの時間を捻出します

会社に勤めていたころは、19時前後に仕事が終わるようにスケジュール管理をして、その後ジムへ直行！　筋トレを1時間半ほどと、体脂肪を落としたいときはウォーキングも取り入れていました。今日は「バーベルスクワット」を20〜80kgで10〜15回を数セット。スミスマシンを使えば安心・安全なトレーニングが行なえます。現在はトレーナーの仕事の空き時間に鍛えています。

ごはん

肉だけじゃなく魚も食べて血液サラサラを目指します

海が近い地域で育ったこともあり、魚が大好き！　特に、オメガ3系の脂を含んでいるサバはよく食べる食材です。トレーニングをしている人の中には、とりあえずお肉を食べておけばよいと考える人もいますが、食べすぎると血が固まってしまいます。魚の脂は血液をサラサラにしてくれるので、私は健康のためにも肉と魚は3:1の割合で食べるようにしています。

ドレスアップ

トレーニングは何事も実験！ケトジェニックに挑戦してみました

ボディメイクの大会の前は、「カロリーは気にしない」、「魚：肉＝1：3」、「糖質は10g以下。期間によっては20g以下」などのルールを自分の中で決め、体を脂質代謝に変えるケトジェニックに挑みました。楽しい点もありましたが、体に負担がかかったりとよくないこともあったので、私はもうやらないかな。今後は旬のものや和食を食べて、食べる喜びを感じながら体作りをしていきます。

がっつり食べても罪悪感ゼロ！

糖質0《ゼロ》麺使用のナポリタン

糖質を抑えたい！ でも大好きなナポリタンが食べたいときのレシピです。カロリーが気になるとしてもソーセージやチーズはたっぷり入れるのが好き！（山下）

Yamashita Yuko

たんぱく質量

20.4g

※ソーセージ60g、チーズ20gの場合

材料（1人前）

- 糖質0麺…1玉
- ソーセージ…60〜90g
- 卵…1個
- 玉ねぎ…1/2個
- にんにく…1片
- オリーブオイル…小さじ1
- 赤ワイン…小さじ1
- トマトケチャップ…大さじ2
- とろけるチーズ…20〜30g

作り方

1. ソーセージはそぎ切りにする。目玉焼きを作る。玉ねぎは1cm角（または粗みじん）に切る。にんにくはみじん切りにする。
2. 糖質0麺は水洗いし、水気を切る。フライパンで強火で4分から炒りして水分をとばし、取り出しておく。
3. フライパンにオリーブオイル、にんにくを入れて弱火にかける。にんにくの香りが出てきたら、中火にして玉ねぎを加える。玉ねぎが透明になってきたら、ソーセージを加える。
4. ❸に火が通ってきたら、赤ワイン、ケチャップ、チーズを加え、あまり混ぜずにケチャップを焼くように炒める。麺を加え、全体を絡ませる。
5. ❹を皿に盛りつけ、最後に目玉焼きをのせる。

おやつ

大好きなサツマイモは
トレーニングの前後にイン

サツマイモは大好きで、トレーニングの前後に必ず食べています。味付けをしなくても甘いし、脂質が低くて糖質が高い！　糖質のなかでも「多糖類」というカテゴリに分けられます。体内で分解されてから体に吸収されるので、糖の吸収が穏やか。腹持ちもいいし、片手で気軽に食べられるのも魅力ですが、いくらでも無限に食べられてしまうので要注意です（笑）。

ジムトレ

1〜1時間半、集中力が続く限り
トレーニングをしています

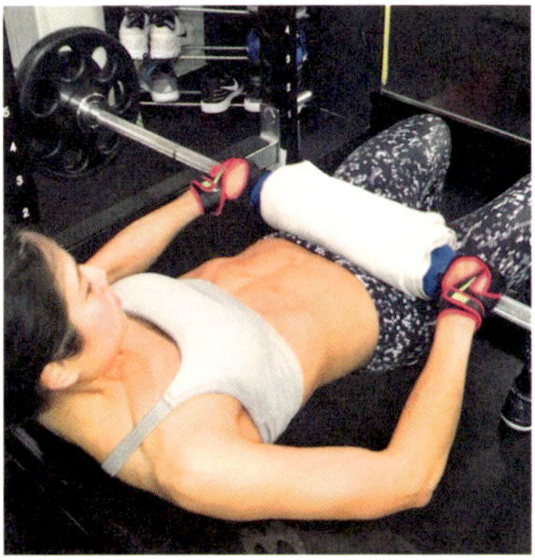

バーベルを使った「ヒップスラスト」でお尻のトレーニング。40〜60kgを15回×3セット。お尻のトレーニングは以前よりも頻度を増やし、週1回程度取り入れています。高重量低レップ（重い負荷で回数を少なく）、低重量高レップ（軽めの負荷で回数を多く）など様々な刺激を集中力が続く限りやっています。時間にして1時間半程度。デッドリフトなどのフリーのラックが大好きです。

ごはん

糖質0《ゼロ》麺を使った
満足度大のカルボナーラ

パスタも好きだから、糖質オフのカルボナーラ。材料は2人分で無調整豆乳50mℓ、チーズ30g、ベーコン70g、ぶなしめじ1/2パック、にんにく1片、糖質0麺 2袋、オリーブオイル大さじ1弱、卵1個。にんにくをオリーブオイルで炒めて香りが出たら、ベーコンとしめじをイン。しっかり炒めたらチーズと豆乳を入れて塩で味付け。溶き卵と麺を入れて盛り付け完成♡こしょうはお好みで。

ごはん

野菜は極力生で！
食べる順番も大切です

野菜は水に浸したり、ゆでたり、ミキサーにかけると、ビタミンCはどんどん減っていくので、極力生で食べるようにしています。よく噛んで食べるのも大事！　血糖値の上昇を抑えるため、最初に野菜から食べるようにしています。

ごはん

大好きなお寿司♡
マグロはマストで頼みます

「すしざんまい」で大好きなお寿司を堪能！マグロはマストで頼みます。マグロは食材のなかでたんぱく質の含有量がトップクラス。たんぱく質の吸収・分解を助けるビタミンB_6も入っている超優秀な食材なんです。

メンタル

運動は生活を楽しむ手段。
自分にハマるものを見つけて

運動は健康でいたいとか、齢を重ねても自分の足で歩きたいとか、自分の生活を楽しむひとつの手段。運動したいなら筋トレじゃなくてもいいと思います。自分にぴったりハマるものを見つけて、楽しみながらやることが大切です！

ごはん

精製された脂は避け
自然なものから摂っています

アボカドはよく食べる食材です。アボカドの脂肪はオレイン酸といい、オリーブオイルの成分と同じ。体にとって脂質は絶対必要なものなので、精製されたものではなく自然のものから良質な脂質を摂るようにしています。

具材を調整すれば幅広く栄養が摂れる！

たんぱく質たっぷり 手巻き寿司

マグロの赤身はマストで、あとはEPAが多いウニや鉄分豊富なブリ、タコやイカなど、色々なネタを食べます。ひきわり納豆を追加すれば、よりたんぱく質ゲット！（山下）

たんぱく質量

32.1g

材料（1人前）

- マグロ（赤身）40g、サーモン40g、イカ40g、他お好みの刺身…適量
- ごはん…150g
- 寿司酢…小さじ2
- 手巻き寿司用海苔…2〜3枚
- しょうゆ、わさび…各適量
- 大葉…適宜

作り方

1. ごはんを炊き、炊き立ての熱いうちに、ボウルにとり、寿司酢と混ぜ合わせる。
2. 刺身を食べやすい大きさに切る。
3. 海苔にごはんを広げ、具材をたっぷりのせて巻く。しょうゆやわさびをつけていただく。

ごはん

色味に気をつけて まんべんなく栄養を摂ります

今日はホームパーティー。「秋の和食」をテーマに作ってみました。料理を作るときは全体の色味がカラフルになるように気をつけています。おもてなし用の鶏ハムもとってもおいしくできました♪

ごはん

具沢山の海鮮丼♪ あおさの味噌汁でミネラル補給

ブリ、タコ、マグロ、イクラ、ウニ、ヒラメ、カニカマの海鮮丼です。ごはんの量は、いつもお茶碗1杯ほど。ビタミンやミネラル、水溶性食物繊維が豊富な、あおさの味噌汁をつけていただきます。

ごはん

お弁当にもよく持っていく ジップロックで作るおいしい鶏ハム

約300gの鶏むね肉2枚を観音開きにし、砂糖と塩各大さじ1をすり込み冷蔵庫で半日放置。水で鶏肉を洗いラップで棒状に巻く。お好みでハーブやチーズ、胡椒を追加。沸騰したたっぷりのお湯に入れ、半日置いて完成！

メンタル

トレーニングにもメリハリを！ 土日は基本オフに

今はトレーナーとダブルワークで、人事系の仕事を在宅で行なっているのですが、逆にオンとオフの区切りがつきにくい。土日をオフにして、トレーナーの仕事の合間に筋トレをすることで自分の時間を作っています。

家トレ by 山下祐子さん

Training

内転筋を鍛えて美脚＆美尻に

ワイドスクワット

2
1
POINT
ひざはつま先より前に出ない。
息を止めないように注意
足は肩幅より
1.5倍の
広さで開く

「両足の幅を広くとるスクワット。ほかのスクワットと違い、立ち上がる際に股関節の内転筋に負荷がかかります。美脚と美尻が一度に目指せます！」。両足を肩幅より1.5倍ほど広めにとって直立。その際、つま先は外側に開き、背筋も伸ばしておく。

背中は真っ直ぐのまま、息を吐き、がに股になりながら、太ももが床に対して平行になる程度まで腰を下ろす。ひざとつま先は常に同じ方向に。内ももを意識しつつ、息を吸いながらゆっくりと立ち上がる。13〜15回×3セット。

Training

正しいフォームを学んで太ももを引き締め

階段ルーマニアンデッドリフト

1

「デッドリフトを家でもできるトレーニングです。意識すべきはかかとをしっかり使ってハムストリングスに負荷をかけること！」。階段の前に立つ。両足は肩幅に開く。つま先とひざの方向は同じ向きにして、ひざを軽く曲げ、横から見たときにかかとの上に来るようにして、お尻を突き出す。腰は反らず、真っ直ぐに。かかとを強く踏み、体をやや倒して手とひざと胸の間に三角形を作る。

2

POINT

お尻の位置が変わらないように注意！

両足のかかとは強く踏んだまま、段差に片足を置く。

3

POINT

上体を起こす際、お尻の筋肉を締める

もう一方の足も階段を登り、地面を押し広げるようなイメージで足を外側へ向かって踏みしめ、股関節と太ももを意識しながら上体をまっすぐ起こす。*1*に戻り、体が動きに慣れるまで続ける。怪我防止のため、集中してできる範囲で。

#09 Airi

あいりさん

肌がきれいになって仕事の説得力も倍に！

Profile　@airi_mylife

1989年、福岡県生まれ。ダンサー、アパレル店員など様々な職業を経て、現在は美容部員として活動中。フィットネスモデルとしても活躍している。

服を着こなすため筋トレを始めました

　前職でアパレル店員として働いていたあいりさんは、接客するなかである思いを抱いていました。

「いくら金額の高い服でも着る人自身の体型がそぐわないと、あまりキレイに見せられない。そう感じながら当時は働いていました」

　それが、トレーニングを始めるきっかけとなります。

「じゃあ自分の体はどうなのかと考えたとき、今よりもっと引き締まってメリハリがつけば、シンプルな服でもカッコよく着こなせるはず。そう思ってトレーニングを始めました」

　本格的にトレーニングを始め、3ヶ月ほどで体が変わったと言います。

「初めは週4日、今は週2日でジムに行き、マシンやバーベルでトレーニングしています。今は美容部員として働いていますが、体や肌がキレイになり説得力が増したように思います」

　食事は減量のとき以外は、好きなものを食べているそうです。

「例えばグラタンを食べるときは、ホワイトソースもチーズも使います。でもたんぱく質は積極的に摂りたいので、ごはんを敷くかわりに鶏むね肉を使ったり、プロテインを入れたり。あとは卵。1日2個以上は食べています」

BODY&TRAINING DATA

・身長	157cm
・体重	53kg
・体脂肪率	23%

・トレーニング 週2回
（1回：約1時間半）

ジムには行ける時間に。60～70kgのバーベルでスクワットや、ダンベルで肩を中心にトレーニングしています。寝る前は「プランク」などを行なって体幹をトレーニングしています。

ジムトレ

筋肉痛と戦いながらも 1kgずつ着実に進歩してます！

ジムに行ったら絶対行なうトレーニングがスクワット。これはバーベルで、お尻を中心とした下半身全体に効かせています。重量は60〜70kgくらいで、15回×4セット。限界の重さから1kgでも増えるとても重く感じるので、徐々に重量を上げていくことで持ち上げられるようになりました。終えた後はめちゃくちゃ筋肉痛がキツくて足に力が入りません（笑）。

ごはん

植物性のたんぱく質も 積極的に摂っています

たんぱく質はお肉やお魚と、大豆から摂れる植物性たんぱく質も積極的に摂るようにしています。お豆腐がなかったり、調理が手間だと思ったときはソイプロテインを料理に入れることも。ほぼ無味無臭なので味の邪魔にはなりません。今日のメニューはゴーヤチャンプルーと冷製豆乳スープ。生卵を入れて、さらにたんぱく質をチャージします♡

メンタル

自分で自分を肯定できるようになる！ トレーニングの魅力のひとつです

トレーニングをしたことで代謝がよくなり、肌がキレイになりました。今は美容部員として働いていますが、商品を説明したりする上で説得力が増したように思います。鍛え続けて自分の体が変わっていくことで、内面も変わっていくので、もっと自分に手をかけようと思いました。自分を肯定できるようになることが、トレーニングの魅力のひとつですね。

ジムトレ

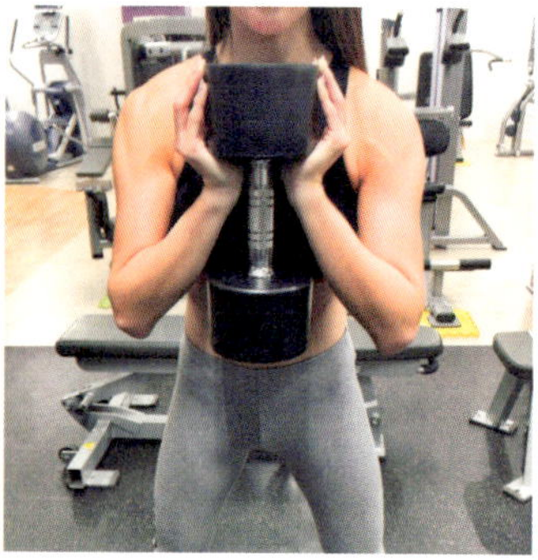

反り腰でも安心。「パイルダンベルスクワット」

「パイルダンベルスクワット」は、ダンベルを両手で持ちながらスクワットをする筋トレ。18kgを20回×3セット行ないます。内ももの内転筋群が特に鍛えられる！　脚を広く開いて、体が前に倒れないようにするのがポイント。

ドレスアップ

水着が食い込まないハリのあるお尻！

もともとお尻が小さめなので、下半身トレーニングは欠かせません。逆に脚は「ラインがきれい」と褒められることもあります。でもお尻が小さいと目立たないので、バランスが難しい。もっと大きくしたいですね。

おやつ

プロテインはトレ後か翌日。寝る前にも摂取しています

「Optimum Nutrition」の「ゴールドスタンダード」は減量期以外は無脂肪牛乳か豆乳で。筋トレ後や翌日に飲みます。「Now foods」のソイプロテインは吸収が遅いので、寝る前に。寝てる間もたんぱく質を吸収できるようにしています。

ごはん

作り置きにも食物繊維とたんぱく質をイン

ランチはお弁当を持って行くこともあります。作り置きが好きなので、きんぴらごぼうやひじきを入れた鶏むね肉のハンバーグをよく作ります。食物繊維とたんぱく質がたっぷり♪ これに白米や玄米のおにぎりをつけます。

たっぷり具材で満足度アップ！

ヘルシーしらたき明太パスタ

食べすぎた翌日などの調整メニュー。エビやイカなど、低脂質でたんぱく質が多い食材をチョイスします。ボリュームが欲しいときは、けんちん汁などを足すと、栄養バランスが◎に。もう少したんぱく質が欲しいな、というときはプロテインなどで補います。（あいり）

たんぱく質量

28.3g

材料（1人前）

- しらたき…1袋（200g）
- エビ…5尾
- イカ…50g
- キャベツ…1枚
- ジャガイモ…1/2個
- 大葉…2枚
- 明太子…1/2腹（1本）
- 塩・こしょう…各少々
- オリーブオイル…小さじ1

作り方

1. しらたきはザルに入れて流水で洗う。沸騰したお湯に入れ、再び沸騰したら、ザルにあけて水気を切り、好みの長さにざく切りにする。
2. エビは殻をむき背わたを取り除く。イカ、キャベツは一口大に切る。ジャガイモ、大葉は千切りにする。
3. 明太子の薄皮に縦に切れ目を入れ、包丁の背で、中身をそぎ取る。
4. フライパンにオリーブオイルを熱し、しらたき、エビ、イカ、キャベツ、ジャガイモを中火で具材に火が通るまで炒める。
5. 明太子を絡めて大葉を入れ、塩、こしょうで味を調える。

低脂質だからダイエット中でもOK

フライパンで作る簡単ローストビーフ

高たんぱく低脂質の代表格！　私はこれをひとりで食べます（笑）。筋トレで傷ついた筋組織を修復してくれる亜鉛がたっぷり入った、トレーニーの味方です。（あいり）

＋

たんぱく質量

33.9g

※牛赤身肉150gの場合

材料（1人前）

- 牛赤身かたまり肉（ひれ、ももなど）…150～200g
- 紫玉ねぎ…1/4個（50g）
- ブロッコリースプラウト…適量
- サラダ菜…1枚
- にんにく…1/2片
- しょうが（スライス）…1枚
- 塩・こしょう…各少々
- オリーブオイル…小さじ1

作り方

❶ 牛肉は焼く30分前くらいに冷蔵庫から取り出しておく。紫玉ねぎは薄切りにして5～10分ほど水にさらして、水気を切る。にんにくはすりおろす。しょうがは粗みじんに切る。

❷ 牛肉ににんにく、しょうが、塩、こしょうをすり込む。フライパンにオリーブオイルを熱して牛肉を中弱火でじっくりと片面ずつ焼き、すべての面を焼く。アルミホイルに包んで15分程休ませる。

❸ 器にサラダ菜を敷き、牛肉を薄くスライスして盛りつける。❶の紫玉ねぎを添え、ブロッコリースプラウトを散らす。

おやつ

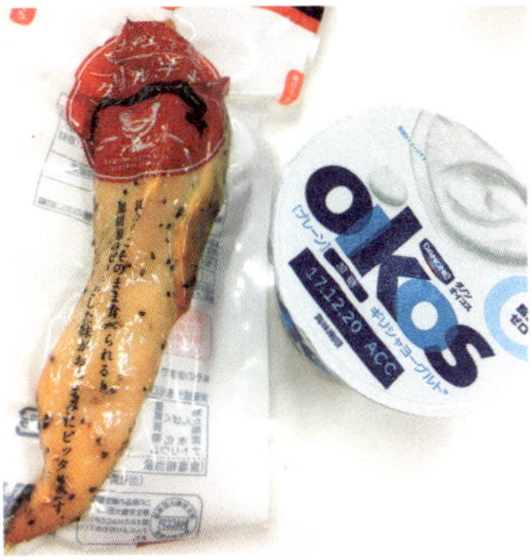

おやつを食べるなら「体にいい」ものを！

空腹になりすぎないようおやつは必ず食べています。低脂質のヨーグルトなど、体にいいものをセレクト。伊藤ハムの「おつまみグリルチキン」は低糖質＆高たんぱくのチキン。小腹がすいたときに食べるのに便利です。

メンタル

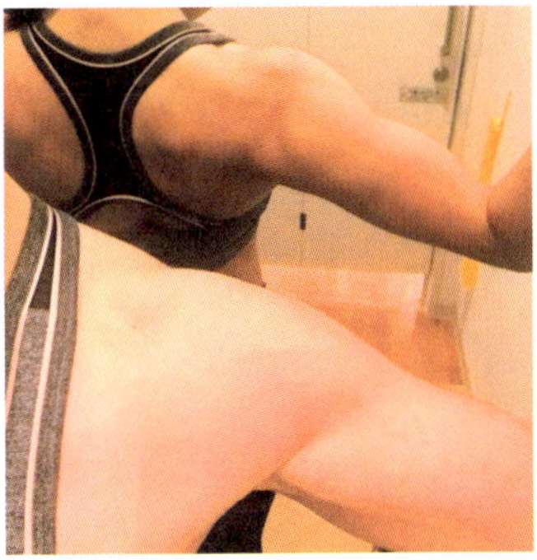

肩の丸みと血管の浮き具合のバランスが好き♡

肩はよく褒められるパーツです。丸みがあるし、肩幅のバランスがよくて自分でも好きな部分。血管が若干浮いているのもポイントです（笑）。服を美しく着こなせるようになるために、もっとメリハリをつけていきたい！

ごはん

魚を積極的に食べてさらさら血と美肌を目指す

朝ごはんが和食のとき、納豆は欠かせない食品。最近、魚を積極的に食べるようにしています。魚の脂に含まれているEPA・DHAはお肌の潤滑油になったり、血管をさらさらにしてくれるので、特に女性は食べた方がいいです。

おやつ

鶏を飼った方がいいレベルで卵を食べています（笑）

卵は朝食とおやつに、ふたつずつ食べます。コンビニでセット売りしているゆで卵を常にバッグに忍ばせていたり（笑）。空腹のときになるカタボリックで筋肉が分解されるのを防ぎたくて。プロテインバーを食べることもありますね。

家トレ by あいりさん

Training

高さと丸みのあるヒップを作る

エアヒップスラスト

「バーベルを使う筋トレの家トレ版。大臀筋だけ集中して鍛えたい！　そんなときにオススメです」。低めのベンチの前にひざを立てて座る。ひざは90度にして、ベンチの端にひじを置く。足は腰幅に開く。

1

腕は肩幅に開く

2

POINT
お尻を持ち上げるイメージで行なう

お尻を締めるイメージで、息を吐きながら腰を持ち上げる。上げたら一瞬キープ。息を吸いながら元の位置の半分ほどまで腰を戻し、再び腰を上げる。10～15回×3セット。

形のよいお尻を目指すのにこのトレーニングは欠かせない！

Training

プリ尻＆美背中を一度で目指せる

スタンディングドンキーバックキック

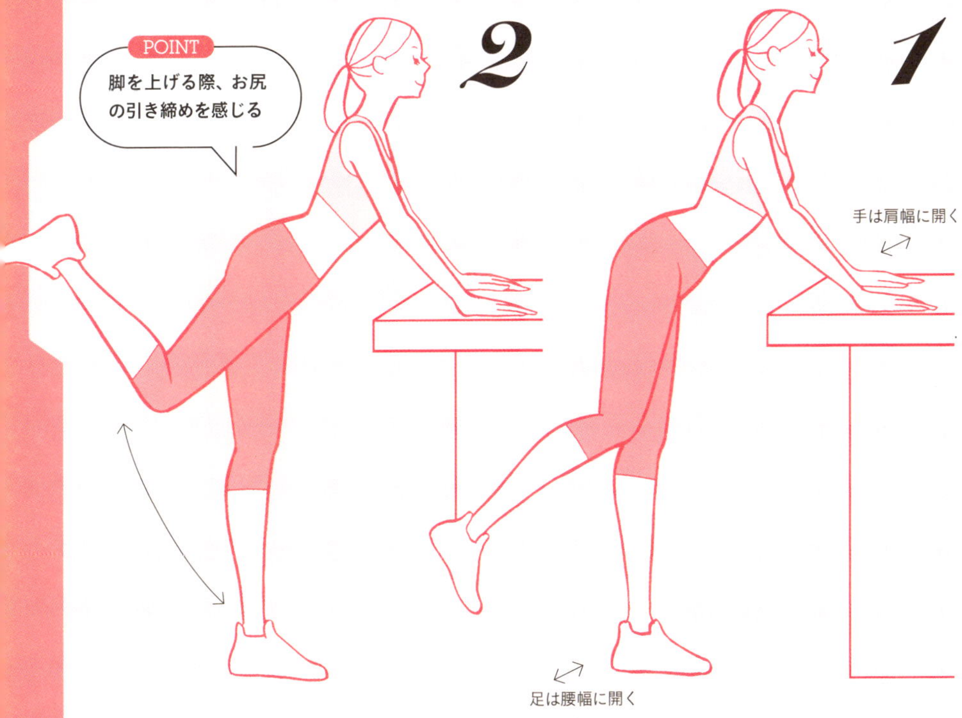

POINT
脚を上げる際、お尻の引き締めを感じる
2
1
手は肩幅に開く
足は腰幅に開く

「立って脚を上げることで体幹も鍛えられる！　椅子や机に手をつけることで、安全にトレーニングができます」。椅子や机に手を置き、バランスをとり、片足で立つ。もう一方の足は曲げた状態で浮かせておく。

後ろに浮かせていた脚を股関節のつけ根から高く上げる。上げたひざは曲げたまま最初の位置に戻し、*1*、*2* を繰り返す。片足ずつ10～15回×3セット。

#10 Akane

AKANEさん

体重65kg！「彼氏を見返す」がボディメイクのきっかけ

Profile　@akane712

1984年、福井県生まれ。看護師。ダイエットとして取り組んだトレーニングにハマり、現在はボディメイクを楽しんでます♡ベストボディ・ジャパン2017福井大会5位。

ダイエットに失敗して老けボディを経験

看護師として働くAKANEさんは、「昔はぽっちゃりしていました」と語ります。

「深夜の休憩時間にお菓子を食べたり、休日は1日中食べたり飲んだり。体重65kg、体脂肪は33%くらいありました。当時付き合っていた彼に『AKANE』と『豚』をかけて『あーとん』と呼ばれるようになり、見返したくてダイエットを始めたんです」

カロリーを極力抑えて脂質もカットする食生活に変えたことで、3ヶ月で14kg減らすことに成功したそうです。

「でも鏡を見たらすごく貧相で、皮もタルタル。女性らしい体からはほど遠いものでした。筋肉をつけて張りのある体を取り戻したくてパーソナルジムに通い、筋トレと食の知識を学びました」

現在は糖質も炭水化物もカットしない食生活を送っているそうです。

「炭水化物や糖質を入れないと集中できないから、朝・昼・夜しっかり食べます。夜勤中の休憩時間は補食として小さいおにぎりなどを食べるようにしています」

ハードワークでもほぼ毎日ジムに行くとのこと。

「日勤でも夜勤でも、仕事が終わったら行くことが多いですね。私にとってジムは、仕事で受けたストレスを発散できる貴重な場所ですから(笑)」

BODY & TRAINING DATA

・身長	165cm	・トレーニング 週6回（1回：約1時間～1時間半）
・体重	59kg	
・体脂肪率	20%	

ジムには夜勤明けの朝や、日勤後の夜など、空き時間に行きます。トレーニングは背中、胸・肩・上腕三頭筋、脚・お尻と分けています。家でもゴムバンドを使った筋トレをしています。

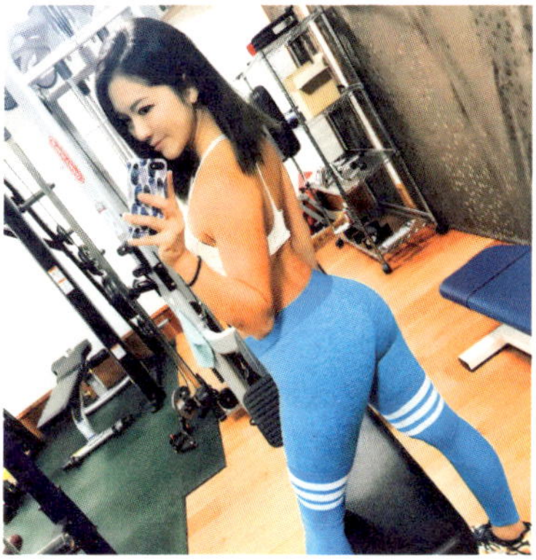

ジムトレ

ガリガリだった体には戻らない！まずは大きな筋肉からトレーニング

トレーニングは、筋トレをしてから有酸素運動というコースが定番。上半身、下半身どちらもバランスよく鍛えるように気をつけています。トレーニングを始めた当初は筋量がほぼなかったので、大腿四頭筋とお尻をメインにトレーニングをしていました。大きな筋肉を刺激することは全身運動につながるそうなので、初心者は下半身から鍛えることをおすすめします。

ごはん

筋トレを始めてリバウンドとは無縁に

赤身肉のローストビーフは脂質が低く、たんぱく質たっぷりで、筋トレ女子の味方。家でもよく作るメニューです。ダイエットをして劇的にやせたときはとにかく脂質カット！ 低カロリー！ という食生活でしたが、それだとリバウンドしやすい体を作るだけ。今はまんべんなく栄養を摂り、油もアボカドオイルを使うなど、体によいものをセレクト。リバウンド知らずの体になりました。

ドレスアップ

ピーマン形の四角いお尻がプリッと桃尻に変身♪

タイトスカートをウエストマークで堂々と着られる体が私の理想としている体型。以前はお尻がピーマンみたいに下に広がって、四角くて不恰好だったけれど、今は丸くプリッとしたキレイな形に変わることができました。トレーニングは今まで出会わなかった自分に出会えるし、新しいことに挑戦する勇気を持たせてくれるからやめられません！

ごはん

シンプルな味の
具材たっぷりスープがお気に入り

今日はお店でキャベツとアスパラ、牛肉のスープをいただきました。スープは家でもよく作るメニュー。大豆の水煮を入れて、ほぐした鶏むね肉、にんじん、玉ねぎなど好きな野菜を入れてトマト缶で煮込んでしょうが、塩、こしょうで食べます。糖質を摂りたいときはカボチャを一緒に入れることも。しょうがとこしょうを多めにして、代謝アップを狙います♪

ジムトレ

トレーニングベルトで
キュッと締まったくびれを作る

「デッドリフト」を80kgで10回×3セット。トレーニングベルトを巻くことでお腹に圧をかけられるから、キュッと引き締まったくびれ作りが目指せる！　バーベルを持ち上げる際に体も安定するのでオススメです。仕事場でも、椅子に座って体をひねってみたりと、美しいくびれ作りを頑張っています。ちょっと怪しい人になっているかもしれません（笑）。

Akane

おやつ

トレーニング前の軽いおやつで
筋肉の成長を促します

トレーニング前の1時間以内に、軽くおやつを食べてエネルギーをチャージ！　エネルギーが足りない状態でトレーニングをすると、体が筋肉を分解してエネルギーとして使おうとするので、筋肉を成長させるためにも筋トレ前のおやつは必要。「MYPROTEIN」というメーカーのプロテインバーやクッキー、小さいおにぎりをよく食べています。

パリパリ油揚げが食感のアクセントに

パンが食べたいときの油揚げサンド

トレーニングを始める前からパンが大好き。糖質を控えたいときはがまんしていますが、どうしても食べたいときに作ったレシピです。お肉を白身魚に替えてもおいしいですよ。（AKANE）

たんぱく質量

26.8g

材料（1人前）

- 油揚げ…1枚
- ローストビーフ…3～6枚
- ゆで卵…1個
- サニーレタス…1枚
- にんじん…1/8本
- 塩・こしょう…各少々

作り方

1. P.108のレシピでローストビーフを作る。油揚げはキッチンペーパーで押さえて余分な油を吸い取る。四方の端を切り落とし2枚に分ける。
2. にんじんは千切りにする。サニーレタスは食べやすい大きさにちぎる。ゆで卵は薄くスライスする。
3. フライパンを弱火にして、油揚げをゆっくりパリパリになるまで焼く。
4. 油揚げにサニーレタス、ローストビーフ、ゆで卵、にんじんをはさむ。お好みで塩、こしょうをふっていただく。

旨味凝縮！ 発酵食品でキレイな体作りをサポート

牛ロース肉の味噌ヨーグルト漬け

牛肉は普段から欠かせない食材。ステーキなどの焼くだけアレンジに飽きたときは味噌とヨーグルトにつければお肉が柔らかく、ジューシーに。お腹の調子も整います♪（AKANE）

たんぱく質量

44.8g

材料（1人前）

- 牛ロース塊肉…200g
- 白髪ねぎ…少々
- ししとう…4本
- プレーンヨーグルト…大さじ2
- 味噌…大さじ2
- アボカドオイル…小さじ1

作り方

1. 味噌とヨーグルトを混ぜ合わせ、牛肉にまぶして30分以上漬ける（冷蔵庫で1晩おいてもよい）。ジッパーつき保存袋などを使うと、漬け込みやすい。
2. フライパンにアボカドオイルを引き❶を洗わずに入れ、焦げないように気をつけながら中弱火で焼く。隣でししとうを焼く。
3. ❷の肉を食べやすい大きさに切って器に盛り、白髪ねぎ、ししとうを添える。

おやつ

「PowerBar」のプロテインバーはおいしくてオススメ！

時間が不規則で、夜呼び出されることもある体力勝負なナースの仕事。間食でエネルギーをチャージします。「PowerBar」のプロテインバーや、色々なメーカーのプロテインバーを食べ比べることで、味に飽きることもありません。

ごはん

冷たいごはんで血糖値の急上昇をブロック

今日のランチは、ブロッコリー、トマト、鶏むね肉、卵。これにごはん100gをつけます。温かいごはんももちろん食べますが、冷や飯の方が消化が穏やかで血糖値の急上昇を抑えられるので、あえて温めず食べることも多いです。

メンタル

今は素敵なパートナーと幸せに暮らしています

「彼を見返したい」という負けん気から始まったボディメイク。今は人にどう思われようが「自分がしたいから筋トレする」というスタンスに変わりました。フラフラしていた意志が強くなったのを感じています。

ジムトレ

筋トレ後のウォーキングで筋肉の動かし方の変化を実感!!

私はトレーニングの後に有酸素運動派。傾斜をつけて1時間ほど早歩きをしています。正しいスクワットでお尻の筋肉を刺激してから有酸素を入れると、お尻の筋肉を使って歩けて太ももが無駄に太くなるのを防げるんです。

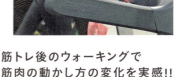

Training

バンドをつけてお尻に負荷をプラス

バンドつきバックキック

「普段使わないお尻の筋肉。バンドをつけて負荷を足すことで、効率的に鍛えられます。しっかりキックしてお尻の収縮を感じて下さいね」。ゴムバンドは太ももの少し下に巻く。手足は肩幅に開き、四つん這いになる。ひざは90度に保つ。

1

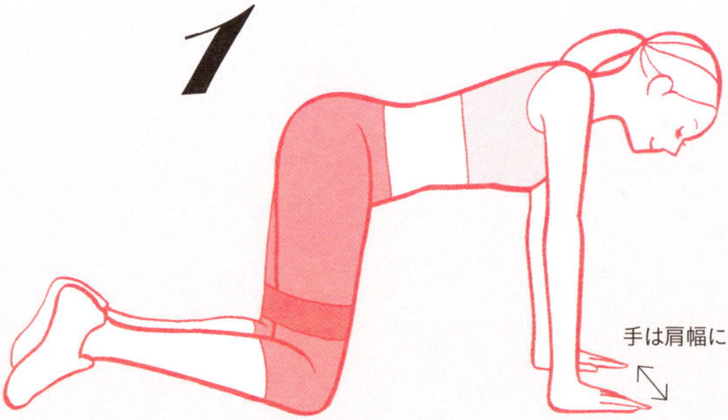
手は肩幅に開く

2

POINT
背中は
真っ直ぐを保つ

右脚のひざは90度に保ったまま、左脚をゆっくり上げていく。脚をできるだけ高く上げて、ゆっくり元に戻す。逆も同様に。10〜15回×3セット。

ダンベルとバンドを使って負荷をプラス。より高い効果が望める！

Training

ダンベルを使って二の腕引き締め

トライセプスキックバック

「上腕三頭筋を鍛えて二の腕を引き締め。ダンベルを使うことで、高い効果が期待できます」。ベンチに左手をつき、左脚のひざをのせる。ひじの角度が垂直になるよう、右手でダンベルを持つ。

1

POINT

背筋が丸まらないように注意

2

ひじを後ろに伸ばし、2秒ほどキープしたらゆっくりと元の位置に戻す。逆も同様に。15回×3セット。

#11 Ayaka

ayakaさん

34歳、3児の母。家トレメインで産後ダイエットに成功！

Profile　@03.regga_ayaka.30

1983年生まれ。中2、小5、小1の3人の母。フットサルとレゲエが好き。飽きっぽい性格だけど、外国人みたいなプリ尻目指して絶賛トレーニング中！

ママでも、家トレでも、体は変えられる

3児の母であるayakaさん。

「3人目の出産をきっかけに、週3日やっていたフットサルをやめたら太ってしまって」

そこで、まずはSNSなどで話題になっていた家トレを試してみることに。

「子どもを寝かしつけた後が私のワークアウトの時間。続けていくうちに、自分のフォームが正しいのか気になって。全11回のパーソナルトレーニングに申し込みました」

通い出してからはすぐに結果が出たと言います。

「同じトレーニングでもピンポイントに筋肉を狙えるようになって、感動しました。家の近くにジムがない人や、パーソナルまでは通えないという人も、本や動画で勉強しながら、正しい動きを意識して筋トレするといいと思います。回数よりも、正しい動きの方が重要です。今は最近再開したフットサルのパフォーマンスを上げるため、月2回パーソナルに通っています」

間食によるエネルギー補給も外せないそうです。

「トレーニング後は、30分以内にチーズやチキン、炭水化物を。試合の前はごはん、餅、カステラがマスト。種類の違う炭水化物を同時に摂ることでパワーとなるタイミングを少しずつずらしています」

BODY & TRAINING DATA

・身長	166cm
・体重	50kg
・体脂肪率	不明

・トレーニング 週2回（1回：約1時間）

トレーニングは家が中心ですが、月2回パーソナルも。内容は、そのときやりたいと思った筋トレを行ないます。家族が外出した日中や、子どもが寝静まってから、トレーニングしています。

— workout and food record —

家トレ

バランスボールがひとつあると家トレのバリエーションアップ!

バランスボールはよく使うアイテム。あえてバランスを崩すことで体幹を強化したり、体の左右のバランスを整えます。もともとお尻が大きく、コンプレックスだったんです。年齢とともに垂れてしまって。でも大きいお尻だからこそ、プリッとさせたら逆にセクシーな長所になる、と気づいて日々トレーニングをしています。これは「プランク」の体勢で限界までキープ。

ごはん

子どももおいしく食べられるよう極端すぎない栄養バランスに

筋トレ重視の人だと、お肉をたっぷり! という話も聞きますが、家族がおいしく食べられる食事が最優先。普段の夕食は極端に「筋トレ」用のメニューにはしていません。肉も野菜も品目多くがモットー。たんぱく質については、私だけお肉を多めにしたり、おやつで補給。必ず添えるのがフルーツ。今日はビタミンCやEたっぷりのキウイを添えて、美肌、アンチエイジングも意識。

ジムトレ

パーソナルジムだからこそ正しい体の動き方が学べる!

「ViPR」というトレーニング器具を使って体幹トレーニング。これを振り回して、体が持っていかれないようにブレーキをかけることで体幹が鍛えられます。フットサルに役立つ体作りのために通っているパーソナルジムでは、ウェイトマシンは使わず、ストレッチポールやバランスボールなどを使って瞬発力を上げたり、体の運動能力を上げていくようなトレーニングが中心です。

家トレ

片手でキープ！
腹斜筋に効く家トレ

片腕で体を支えて両足でバランスボールを挟んでひねりを加える、インスタで見かけた筋トレ。腹斜筋を鍛えてお腹にカットを入れる！ 足から上半身にかけて体を沈ませず、一定の高さを維持します。左右10回×3セット。

ごはん

えごま油と野田村の「のだ塩」が、
私のお助け調味料

今日のランチは鯖と鶏レバー。普段の味付けで気をつけているのは、良質な油とミネラル豊富な天然塩を使うこと。えごま油は血管を強くし、美肌効果もあるのでよく使っています。貧血持ちなので、予防にレバーを食べています。

ごはん

いろんな野菜で
バランスよくビタミンを摂ります

鶏もも肉とねぎを炒めたもの。野菜はあまり調理せず、ゆでたり切ったりと、そのまま食べることも多いです。必ず複数の野菜を添えて、摂取するビタミンが偏らないように気をつけています。

ごはん

筋肉に酸素を運ぶ
鉄分豊富なほうれん草をイン

子どものお弁当などにも使えるので、作り置き料理もよく作っています。メニューはほうれん草ともやし、シーチキンの和え物、アボカドとベーコン、きのことパプリカを炒めたものなど。鉄分は筋肉に酸素を運ぶために必須！

貧血防止にも効果アリ!

ほうれん草とレバーの卵炒め

貧血持ちなので、普段からレバーをよく食べます。ほうれん草で更に鉄分をプラス。トレーニング&フットサルと体を動かしているので、鉄分は必須です。(ayaka)

Ayaka

+

たんぱく質量

25.1g

材料(1人前)

鶏レバー…70g

ほうれん草…3本

ブロッコリー…5房

溶き卵…1個分

A(味噌小さじ2、砂糖小さじ1、しょうゆ小さじ1/2、おろししょうが小さじ1/2)

オリーブオイル…適量

作り方

1. 鶏レバーは食べやすい大きさに切り、ボウルに入れ、塩ひとつまみとたっぷりの水(分量外)を入れ15〜20分ほどおいて血抜きをし、水気を切る。ブロッコリーとほうれん草は下ゆでして食べやすい大きさに切る。
2. ボウルに鶏レバー、溶き混ぜたAを入れて和え、5分おく。
3. フライパンにオリーブオイルを熱し、ブロッコリー、ほうれん草の順に加えて炒める。火が通ったら、溶き卵を加えてさっと炒めて取り出す。
4. 同じフライパンにオリーブオイルを足して鶏レバーを炒め、火が通ったら❸を戻し入れてさっと絡める。

一口サイズだからお弁当にもオススメ

豚もも肉の野菜巻き

子どものお弁当にもよく入れるメニュー。脂質を低くするときはもも肉を、がっつり食べたいときは豚バラ肉を使います。パプリカで目にも鮮やか♪（ayaka）

＋

たんぱく質量

31.3g

材料（1人前）

- 豚もも肉薄切り…6枚（130g）
- パプリカ（赤、黄色）…1/2個
- えのき…1/2袋（50g）
- 玉ねぎ…1/8個
- サラダ菜…1枚
- 塩・こしょう…各少々
- オリーブオイル…小さじ1
- A（しょうゆ小さじ2、みりん小さじ2、砂糖小さじ1）

作り方

1. パプリカは拍子切りにする。えのきは半分に切る。玉ねぎはスライスする。
2. 豚肉2枚は端が重なるように広げて並べ、表面に塩、こしょうをする。手前にパプリカ、えのき、玉ねぎを1/3ずつのせて、肉で巻く。同じように2本作る。
3. フライパンにオリーブオイルを熱し、豚肉の閉じ面を下にして焼き、閉じ面がくっついたら全体を転がしながら焼き色をつける。肉に火が通ってきたら、Aを加えて絡める。
4. ❸を食べやすい大きさに切り、器に盛り、サラダ菜を添える。

ごはん

ヨーグルトにナッツを入れて味も栄養も◎に

朝は子どものお弁当で朝食準備など、目が回るほど忙しい！ 朝食はヨーグルトにミックスナッツをのせたもので手軽に糖質とたんぱく質をチャージしています。貧血防止に、プルーンものせます。甘みもあっておいしいですよ！

家トレ

ウォーターバッグで手軽に体幹トレーニング！

ウォーターバッグの中身は水と空気なので、自分に合った水の量で負荷を調整できるのが魅力。ウォーターバッグを持って片脚上げ10回×3セット。体の体幹部を鍛えています。水を抜けば軽くなるので持ち運びにも便利。

Ayaka

家トレ

1日の終わりに子どもが寝てから家トレを開始！

ひざと片手をつき、地面につけていない方の脚を回すトレーニング。前回し後ろ回しを各8回×3セット。ヒップアップに効果的！ 子どもが学校に行っているときや、寝静まった後に1時間くらい黙々と家トレしています。

おやつ

トレーニング後にチーズ＆チキンは欠かせません

トレーニング後の30分以内によく食べているもの。サラダチキンはたまに、チーズ4個は必ず食べます。トレーニングをして壊れた筋肉の修復を助けるために、たんぱく質を必ず入れるようにしています。

家トレ by ayaka さん

Training

腹筋が苦手な人でもOK!

お腹引き締めトレーニング

1

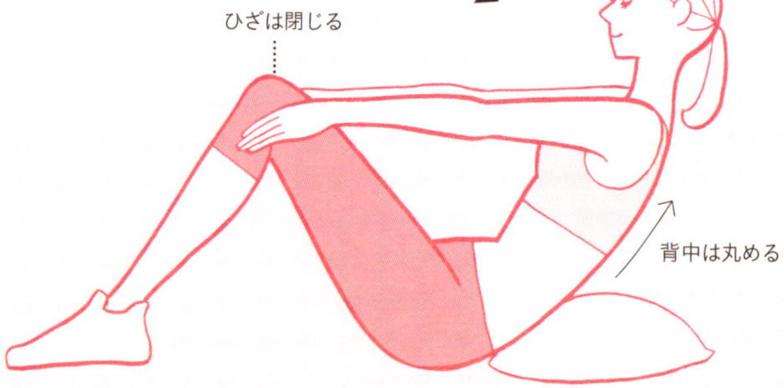
ひざは閉じる
背中は丸める

「普通の腹筋がキツい人はコレ！ 手をたたくなどのアクションもあるので、飽きずに続けられます」。体育座りになり、腰の下にクッションを置いて息を吐きながら後ろにゆっくり倒れる。倒れすぎないよう、お腹に力を入れて体を支える。

2

POINT
あごは引いて
背中は丸める

息を吸いながらお腹の力を使って勢いよく起き上がる。その際、片脚を上げ、上げた脚の下で両手をたたく。脚を下ろして、*1*に戻り、逆脚も同じ動作をし、交互に繰り返す。片脚ずつ15回×3セット。

気になるお腹とお尻を手軽に引き締め。筋トレ初心者でもすぐできる!

Training

下半身を持ち上げて大臀筋を収縮

ヒップリフト

本書で紹介しているヒップアップのメニューの中ではいちばん初心者向け。「寝る前も取り組める負荷が軽めの家トレ。お尻の筋肉だけに集中して絞るので、太ももを太くせずにヒップアップできます」。仰向けになって両ひざを立てて腕を伸ばし、手のひらを地面につける。

1

2

POINT

足の位置がひざの真下だとヒップ、離れると太ももの裏に効果あり

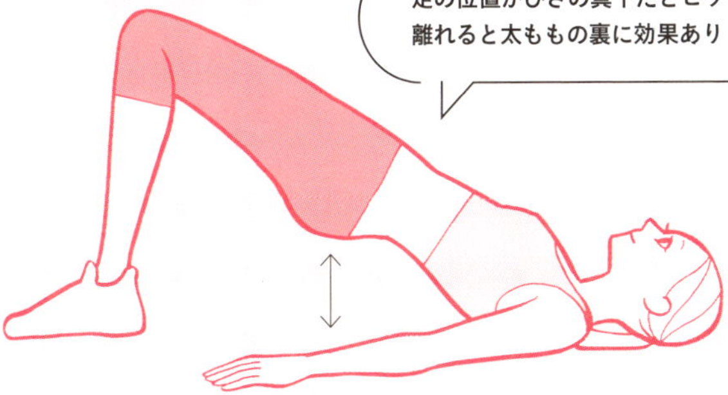

筋肉の収縮を感じながらお尻を上げる。背中からお尻、ひざが真っ直ぐになるイメージで行なうとよい。床すれすれまでお尻を下げ、再び上げる動作を繰り返す。10〜15回×3セット。

ブックデザイン／赤石澤宏隆（STAND）
栄養監修／吉田桃子
撮影／有坂政晴（STUH）（P.6-9、P.12、P.28～29）、渡辺修二（P.10-11、P.19、P.22、P.31、P.34、P.43、P.46、P.55、P.58、P.67、P.70、P.77、P.80、P.87、P.90、P.97、P.100、P.107、P.108、P.115、P.116、P.123、P.124）
料理製作／タカハシユキ（P.19、P.22、P.31、P.34、P.43、P.46、P.55、P.58、P.67、P.70、P.77、P.80、P.87、P.90、P.97、P.100、P.107、P.108、P.115、P.116、P.123、P.124）
イラスト／スギザキメグミ
編集／間 有希、服部桃子（アート・サプライ）
原稿／服部桃子（アート・サプライ）、富永明子

みんなの筋《きん》トレ＆ごはん

2018年3月15日　初版発行

著　者　筋《きん》トレ女子《じょし》研究会《けんきゅうかい》

発行者　川金 正法
発　行　株式会社KADOKAWA
〒102-8177　東京都千代田区富士見2-13-3
電　話　0570-002-301（ナビダイヤル）
印刷所　凸版印刷株式会社

KADOKAWA カスタマーサポート
[電 話]0570-002-301
（土日祝日を除く 11時～17時）
[WEB] https://www.kadokawa.co.jp/
（「お問い合わせ」へお進みください）
※製造不良品につきましては上記窓口にて承ります。
※記述・収録内容を超えるご質問にはお答えできない場合があります。
※サポートは日本国内に限らせていただきます。

定価はカバーに表示してあります。

Printed in Japan
ISBN978-4-04-896177-6　C0077